Advanced Love

Advanced Love

ARI SETH COHEN

LETTERING BY ADELE MILDRED

アリ・セス・コーエン

レタリング：アデル・ミルドレッド

ADVANCED LOVE

Text and photographs copyright © 2018 Ari Seth Cohen

Lettering by Adele Mildred

Japanese translation rights arranged with

Harry N. Abrams, Inc.

through Japan UNI Agency, Inc., Tokyo

This book is dedicated to my parents,
Frances and Jack Cohen,
and grandparents, Hal and Helen Cohen,
and Bluma and Jacob Levine.

この本を、僕の両親のフランシス&ジャック・コーエンと、
祖父母のハル&ヘレン・コーエン、
ブルマ&ジェイコブ・レヴィーンに捧ぐ。

Introduction
はじめに

　僕はこの10年間、世界一面白くて、世界一ときめきをくれる年上の人たちのスタイルと物語を記録するという、素晴らしいチャンスに恵まれてきました。実は、僕の旅が始まったのは、ストリート・スタイルのブログを立ち上げた2008年よりかなり昔のことです。幼い頃から、素敵な祖母のブルマに刺激とひらめきをもらっていたから。まず、祖母の影響で年上の人たちが大好きになりました。そして、無条件に僕を愛し、受け入れてくれる祖母のおかげで、自分を豊かに表現し、物事をクリエイティヴに探究し、独創的なスタイルや遊びを楽しめるようになりました。
　祖母が亡くなってから、ブログ「Advanced Style」を立ち上げたのは、僕の心にぽっかりと空いた穴を埋めたかったのと、世の中の人たちに年を重ねることをちょっぴり違った視点で見てもらいたい、と考えたからです。

　ブログから2冊の写真集と長編ドキュメンタリー映画が生まれ、「このプロジェクトは、次はどこへ向かうのだろう」と思い始めたある日のこと。親友のジョアナ・リリー・ウォンから電話をもらいました。「今サンフランシスコで、最高に素敵なシニアのカップルに会ったの。あなたも二人に会って、写真を撮るべきよ！」と。共にアーティストであり魂の伴侶（ソウルメイト）でもあるモート＆ジニー・リンダーに会った瞬間、二人の深い絆に胸を打たれました。モートがジニーお手製の華やかなケープに身を包んで、誇らしげに案内してくれる先々には、二人がイニシャル入りのハートマークを刻んだ木々がありました。「ジニーが郵便局や編み物サークルに出かけると寂しくなる」とモートが言えば、ジニーも愛おしそうになれそめを語り、「モートのいない人生なんて想像もつかないわ」と話すのです。僕は、二人の生涯にわたる関係やクリエイティヴなパートナーシップの秘訣を知りたくてたまらなくなりました。そして、この半世紀を超える、アーティスティックで、壮大で、崇高な愛を、どうすれば記録できるのだろう、と考えました。

新たに出会った神々との時間を重ねるうちに、僕の作品へのアプローチも変化していきました。僕の目が個人にではなく、二人が共有しているスタイルや新たなものを生み出すその絆に注がれることが増えていったのです。新しいカップルに出会うたび、モートとジニーのときのように、二人の仲を長持ちさせているカギを探しました。けれど、目を向ければ向けるほどわかったのは、どの関係も唯一無二のものだということ。どの絆も日々刻々と変化し、進化を遂げ、バラバラに砕けては、また結ばれて、時間と共にいっそう深まっていました。互いの自立を優先し、個として在るために必要なスペースを認め合うことでうまくいくカップルもいれば、互いの人生が密接に絡み合うことでうまくいく二人もいます。中には人生の後半に、真実の愛を見つける人もいます。過去の恋愛から知恵を学び、自分が何者で、何を求め、何を必要としているのかをようやく知ったのでしょう。

　僕が学んだのは、愛を長持ちさせるたった一つの秘訣などないということ。忍耐、思いやり、尊敬、共感、ユーモア、許し、オープンな対話とコミュニケーション……それらをコツコツ実践していくしかないのです。ほかの人たちよりたやすく愛を長持ちさせる人もいます。けれど、常に順風満帆で、トラブル一つない旅などありません。

　この作品を通して、気づいたことがあります。それは、人と人との絆の中で、愛ほど強いものはない、ということ。愛は簡単に壊れることも、忘れ去られることもありません。僕たちは亡くなった人のことを、いなくなってからもずっと愛し続けます。それに、初恋の思い出は年を取っても色褪せることがありません。誰かを愛し、年を重ねていけるのはとても幸運なこと。人を愛し、愛を見つける力は、年齢にも時間にもしばられないのです。

　愛が使い捨てにされ、長く続く愛がますます希有(けう)なものになりつつある時代に、本書に登場する素晴らしいカップルから刺激とひらめきをもらって、僕たちみんながもう少し愛せるようになりますように。

アリ・セス・コーエン

アル & エミリー
ニューヨーク州ニューヨーク

　彼を思うときはいつも、ジ・インク・スポッツの曲を聴くの。彼が目を閉じて、歌詞を一つ一つ楽しんでる姿が目に浮かぶ。彼のいる場所は、いつだって楽しくてにぎやかだったわ。(アルが恋しい)。

　　　——エミリー

Alice & Geoffrey

アリス&ジェフリー

ニューヨーク州ニューヨーク

　数日前の夜、夫のジェフリーとカウチに座って、ワインを飲みながら一日を振り返っていたの。そうしたら彼が、「45周年だね」って言った。結婚記念日じゃないわ。1973年に初めてセックスした日。45年も前？　って茫然としちゃった。

　私が覚えてるのは、3月だったこと。寒い夜だったこと。グリニッジ・ヴィレッジの私のワンルームマンションで、私が夕食をつくったこと。当時の持ち物と言えば、ベッドとテーブルと路上から救い出した4脚の椅子と、本棚とハイファイ・オーディオと1匹のネコだけ。メニューも覚えてる。白身魚のソテーのマッシュルーム添えに、安物の白ワインをたらふく飲んだ。それからエッチな抱擁をして、たくさん笑ったわ。

　70年代はね、アイルランド系アメリカ人の女の子にとっても、フェミニズムの幕開けだったの。こと結婚に関してはね。35ドルで結婚許可証を買わされるなんて、妻が夫の持ち物だった時代に逆戻りしてるみたいに野蛮なことに思えて……。だからジェフリーと私は喜んでイケナイ関係のままで暮らしたわ。でも20年後に、現実的な理由から、私が結婚に屈したの。そう、死にかけたのよ。私からプロポーズしたわ。

　とにかく自分たちが楽しめるように、華やかな6月の結婚式を思い描いた。ウェディングドレスは、『パリの恋人』でオードリー・ヘプバーンが着たジバンシィのドレスとそっくりなのを特注したわ。ワーグナーの「結婚行進曲」に合わせて、ヴァージンロードを堂々と歩き、メンデルスゾーンの「結婚行進曲」で軽やかに退場した。

どうせ派手な式になるなら、誓いの言葉の前にお互いについてコメントし合うのも面白い、って話になった。何を言うのかは内緒にしてね。ジェフリーが先に言ったんだけど、ジェイムズ・ジョイスが生涯の伴侶、ノラ・バーナクルに送ったラブレターを少し読んでくれた。そのあと私の番が来たから、こう言ったの。「私はただジェフリーが好き。だから結婚するんです」

　ジェフリーを心から愛してる。でも、大っ嫌いなときもあるわ。こんなに長く旅を共にして、時々嫌いになるのは当たり前でしょう？　恋に落ちるのは簡単。セックスがすべてだもの。魅力的な人に会って、キスして、寄り添って、笑っていれば、自然とそうなる。恋をしているときは、素敵な気分よね。でも、恋が二人をつなぐわけじゃない。

　45年前は、恋や愛についてほとんど何も知らなかったし、知りたいとも思わなかった。恋人ができては去っていったわ。みんな素敵な人だったけど、私は好きでも愛してもいなかった。誰かと一緒にいたくて仕方なかっただけ。でも、ジェフリーのことは好きになったの。そこが違ってたのよ。

　ジェフリーと私は、思いのほか年を取ったけれど、今もお互いのことが好き。「45年」というのが今、心の中でサイケな信号みたいにビカビカ光ってる。「あと5年で、半世紀一緒にいることになるよ」って思い出させてくれるの。

　今も彼の腕につかまってヴィレッジを歩き回ったり、二人で車を借りて国内をドライブしたりするのが好きよ。いまだに彼とセックスするのも好き。ほかの誰もほしくないし、必要ないわ。

　私たちは、「社会保障」とか「メディケア（高齢者向け公的医療保険）」とか死とか、そんなことは一切考えなかった世代よ。でも、さあ着いたぞ、ジェフリーとアリス——って感じ。私たちは死ぬまで友達で、仲間で、連れ合い。気分は1973年からあまり変わっていないけど。

　時々通りを歩いてると、無邪気な目をした若い女性に声をかけられる。ファッションやヘアダイや私の着こなしについて話したい人たちよ。そのあとの展開なら知ってる。その子は必ず言うの。「私も年を取るのが楽しみだわ」って。「あなたはわかってないわ」って言いたくなるけど、代わりにハグをするの。「時は今、矢のように飛んでいるのよ」って思いながらね。

　持ち時間は、過ぎてった年月より短いわ。私は愛する男性と一緒にいるけど、愛してるって以上に、この人のことが好きなの。

—— アリス

"I HAVE FEWER YEARS AHEAD OF ME THAN I HAVE BEHIND ME. WHAT I HAVE IS A MAN WHO I LOVE, BUT LIKE EVEN MORE."

ALICE

持ち時間は、過ぎてった年月より短いわ。
私は愛する男性と一緒にいるけど、愛してるって以上に、この人のことが好きなの。
——アリス

Anado & Richard

アナド & リチャード
サン・ミゲル・デ・アジェンデ（メキシコ）

R：私たちは1998年から一緒にいるよ。

A：出会ったのはAOLのチャットルーム。

R：何ヵ月かチャットしてから、実際に会ったんだ。

A：僕はサンフランシスコの北にある田舎町に住んでいて、リチャードはサンフランシスコに住んでいた。僕は当時、50代前半。最初は友達で、結構いい感じだったけど、そのうち付き合うことになったんだ。

最初から今のように、お二人でおしゃれを楽しんでいたのですか？

A：だんだん進化していった感じだね。初めて会ったときは、二人とも木こりだったんだ。いつもハイキングしていたわけだから、ハイキングウェアを好んで着ていたね。それがサン・ミゲルに来て自宅に手を加えだしたら、メキシコにいるから、好きな服を見つけるのが難しくなった。僕は60年代に今みたいな格好をしていたから、「またああすればよくないか？」って思ったんだ。

長く一緒にいる秘訣は何ですか？

A：僕の秘訣は、彼を愛していること。それから、大人の男として人を愛せる、こんな関係は初めてだということ。若い頃はさんざん遊んだけど、今はリチャードからたくさん支えられ、たくさん励ましてもらってる。あ、またしゃべりすぎた。今のちょっと修正しといて。

R：頑張るよ！［笑］

Ann & Bill

アン&ビル

カリフォルニア州ランチョ・パロス・ヴェルデス

B：アンとは、1984年2月にカリフォルニアのレドンド・ビーチで出会った。2週間足らずで、「俺たち結婚するよ」って彼女に言ってたな。その年の8月に、ハワイのマウイ島で結婚したよ。もう32年も一緒にいるから、いい時ばかりじゃなかったけど、ずっと一枚岩だった。幸せな結婚生活の秘訣を聞かれたら、（見え透いたうそをついたり、「今回だけはいいや」なんてごまかしたりしないで）常に正直であること、歩み寄るコツを学ぶこと、お互いの違いを尊重すること、だな。俺たちはそういう人間なんだ。

A：二人とも大切にしてることが、あと2つあるの。まずはユーモア（毎日お互いを爆笑させてるわ）。それから、家を動物でいっぱいにすること。今のところ、犬が7匹、オウムが1羽よ。

B：お互い相性は抜群だな。どっちもヘンテコだから。

"WE'RE MADE FOR EACH OTHER BECAUSE WE ARE BOTH WEIRD."
BILL

「お互い相性は抜群だな。どっちもヘンテコだから」
—— ビル

Barbara & Stanley

バーバラ & スタンリー
カリフォルニア州ロサンゼルス

スタンリーと一緒になってどれくらいですか？

B：そうね、ずいぶん長く一緒にいる。私は年数やら日付やらには無頓着な人間だけど、間違いなく20分よりは長いわ。私はおおむねニューヨークに住んでいて、スタンリーはLAに住んでるの。

遠距離で、これほど素晴らしい関係が続く秘訣を、少し教えてもらえませんか？

B：電話ってものがあるからね。私たち、一日にたぶん20回は電話してる。朝に話して、そのまま翌朝の4時までしゃべっていることもあるわ。だから、そばにいなくてもいるようなものよ。電話で何もかも話しているから。

S：私の電話代はすごいよ。それから、彼女から「やるべきよ」って言われたことを全部やっているのも秘訣だな。

お二人の愛の定義を教えてください。

S：愛の定義は、私がバーバラに感じている気持ち。

B：スタンリーは私にとって、女の子の親友みたいな存在よ。わかってくれていようがいまいが、何だって話せる人。彼は親友なの。

Bill & Eva

ビル & エヴァ
ニューヨーク州ニューヨーク

ファッション・ブログ「Style Crone」の筆者である、ジュディス・ボイドによるインタビュー

B：エヴァとは1969年にマンハッタンのウォール街の会社で、同僚の紹介で知り合いました。それから、ランチに行くようになったんです。私は27歳で、エヴァは21歳。おそらく運命の出会いでしたが、もちろん彼女の人柄とファッションセンスに惹かれました。

E：ビルは背が高くて、色黒で、ハンサムだったわ。それに、女性をリスペクトして支えている人だと気づいたんです。女性蔑視なんてみじんもなかった。どんな立場の人にも、きちんと敬意を払っている姿を見たわ。自己主張が強いとたたかれてる女性の昇進をサポートしたこともあった。そういうのは男性なら許されるのに、女性だと非難されたのよね。1974年に結婚して、最近42周年のお祝いをしたの。ビルは今74歳で、私は68歳。二人とも、47年前に出会った会社を退職しました。

B：エヴァの家族は最初、僕たちの付き合いに反対でした。でも、エヴァは僕のために喜んですべてを投げ打ってくれた。もう拍手喝采ですよ。エヴァの両親は、認めてはくれなかったけど、結婚式には来てくれました。娘が生まれてからは、娘と深く関わってくれるようになった。病気のときは迎えにきて看病してくれたから、私たち夫婦は仕事に行けたんです。両親の態度自体は変わらなかったかもしれないけど、家族だからああいう形で対処してくれたんですね。家族で一緒にいて幸せでしたし、相性もよかったと思います。

47年間咲き続けている、「永遠の愛」(アドバンスト・ラブ)の秘訣は何でしょう？

E：秘訣があるとしても、私にはわからないわ。どのカップルもそれぞれに違うから、私たちに合うやり方が、ほかの人たちにも合うとは限りません。私たちはデートを忘れず、定期的におしゃれをしてお酒を飲みに行ったり、ディナーに出かけたりしています。リサーチやテクノロジーは私の担当だから、新しい場所を探すのはいつも私。見つけたら、「行ってみたい？」ってビルに聞くんです。それと、料理をつくるのはビルで、後片づけは私。うちはこれでうまくいってるわ。

B：お決まりのレシピも魔法の処方箋もありませんが、47年たっても、毎日を新しい日にすることはできます。二人で外へ出かけたら、年下や年上の素晴らしい人たちに出会えるでしょう。長年の間には、お気に入りのレストランが閉店してしまうこともあったけど、また新しい場所が見つかるものです。前とは違っているけど、それもまた面白い。

E：（ちょっぴり懐かしげな声で）結婚式の写真を見たら、出席者の半分はもうこの世にいないの。毎日が素晴らしい日よ。私たちは、何事も当たり前だとは思っていないの。

"WE LOOK AT OUR WEDDING PICTURE, AND HALF OF THE PEOPLE WHO ATTENDED ARE NO LONGER HERE. EVERY DAY IS A GOOD DAY. WE DON'T TAKE ANYTHING FOR GRANTED."

EVA

「結婚式の写真を見たら、出席者の半分はもうこの世にいないの。毎日が素晴らしい日よ。私たちは、何事も当たり前だとは思っていないの」
—— エヴァ

Bob & Rita

ボブ＆リタ
カリフォルニア州パームスプリングス

R：出会ったのは11歳のときだけど、結婚して60年よ。6年生のとき、ボブが友達と一緒に、「野球を観に行かないか？」って私と女友達を誘ったの。観に行ったあとで、私が「誰と誰がペアになる予定だったの？」って聞いたら……あなたが何て答えたのか、この人に教えてあげて。

B：「コイントスして、僕、負けちゃったんだ！」

R：違うわ、そんなこと言わなかったじゃない！「君とデートするために、必死で頑張ったんだよ！」って、あなた言ったんじゃないの。

B：いやあ、違った！　コイントスに勝ったんだった！

ファーストキスはいつでしたか？

R：小6のとき、うちの地階でパーティをしたの。「スピン・ザ・ボトル」（訳注：輪になって座り、空の瓶を回転させ、止まった瓶が指した相手とキスをするゲーム）をやって、誰が瓶を回したのかは覚えてないけど、私たちがキスすることになったの。あの頃、私は矯正のブリッジをつけてたから、ファーストキスでビルの唇を傷つけちゃった。

B：だから僕は歯医者になったんだ。事態を放っておけない！

長く一緒にいる秘訣は何ですか？

R：基本的な価値観が同じだから、ずっと一緒にいられるのよ。

B：いや、それは違う。リタが許可してくれてるからだ。「私の意のままに動いてくれていいのよ」って。

R：彼、お笑いのセンスだけはたしかなの。

Barbara & Wayne

バーバラ & ウェイン

カリフォルニア州ソラナ・ビーチ

B：きっかけはルバーブ・パイよ！　サンディエゴの中心街で働いてた頃、私が週に一度、あの甘い一切れを楽しむのに溺れてなければ、夫に会うことはなかったでしょう。ある日、おいしく食べた帰りに、家具屋さんのショーウィンドウに現代工芸の作品が飾ってあるのに気づいたんです。見たこともないような美しい作品が並んでいて、目を丸くしてしまったわ。作者は、「サンディエゴ・クラフトマン連合」というグループ。どうしても一つほしくて、インフォメーションに電話しました。

　私も何年か工芸を学んで、1965年にそのグループに加わったの。そしてファイバーアートを展示していたら、美しい陶芸品をつくる夫のウェインに出会ったんです。

　私たち、今もルバーブ・パイが大好きよ！

48年も素晴らしい時間を共にできている、その秘訣は何ですか？

B：共通の趣味を持たなくてはいけないと思うわ。心から一緒に楽しめる何かを。私たちは幸い、二人とも工芸が大好きで一緒に楽しんでいます。それと、どちらかが苦しんでいたら、心から許してあげなくてはいけないわ。口先だけではなくて。ああだこうだと突き詰めて、拒絶し合ったところで、何にもならないでしょう。

W：僕より妻のほうが、たくさん許してくれたよ。

"IF ONE OF US IS HAVING A HARD TIME, FORGIVENESS HAS TO BE INVOLVED REALLY FROM THE HEART."

BARBARA

「どちらかが苦しんでいたら、心から許してあげなくてはいけないわ」
——バーバラ

Bob & Sandra

ボブ & サンドラ

カリフォルニア州ロサンゼルス

ほかのカップルへのアドバイスはありますか？

B：あるよ。相手の話を聞くこと。

S：それに、自分も話さなくてはいけないわ。話さなくてはいけないし、聞かなくてはいけない。とにかく、話し合いをたくさんしなくちゃダメよ。簡単なことではないけどね。

B：でも、やるだけの価値はある。

S：みんな、私たちがランチしてるのを見て言うの。「よくそんなに話すことがあるね。結婚してもう長いのに！」って。私たちはただ一緒に、最高の時を過ごしているだけ。

B：その通り。

"You have to listen."

BOB

「相手の話を聞くこと」
——ボブ

Britt & Günther

ブリット & グンター

ベルリン（ドイツ）

　直感は精密科学よ。あなたが口を開く前に、あなたのエネルギーがすでに自己紹介をしているの。私たちが惹かれ合ったのは、お互いの中身と外見(そとみ)の美しさに感動したから。出会ってすぐにわかった。この人は自分の気分や意識と調和している人だ、って。明るさと愛を振りまく人だ、と感じたの。

　少したってからグンターに言われた。「出会えて本当によかった。君が僕の人生に現れたなんて、奇跡みたいだ！　僕は扉を大きく開いて、君を待ってたんだ！」って。

　お互いに人生を愛していること、陽気なこと、ダンスが大好きなこと、人と人とのつなぎ手であることが、この美しい友情をつむいでくれた。刺激とひらめきを与え合えるなんて、誰にとっても素晴らしい贈り物よ。一人の才能が、もう一人の才能もはぐくんでくれるのだから。

　今日も新しい一日が、思いがけない美しい瞬間をくれる。相棒がくじけそうになったら、もう一人がささやくの。「あなたならできる」って。私たちは相棒の幸せを喜び、互いによき友であること、共通の仲間がいることに喜びを感じてる。

　木々が喜びの花で着飾るように、私たちも聞こえるもの、見えるものからたくさんのことを吸収し、人生をとことん楽しんでいるの。

　われわれは、（アメリカならぬ）愛を再び偉大なものにする。

　――ブリット

Carola & Andre

キャロラ&アンドレ
ニューヨーク州ニューヨーク

C：私たちはたぶん……2008年から一緒にいるわ。これまでの人生で最高の関係よ。月並みな言い方だけど、ソウルメイトなの。アンドレは面倒見がよくて、とても愛情深い人。私の最愛の人というだけじゃなくて、愛を受け入れ、愛を与えることをたくさん教えてくれたわ。

A：愛はとても、とても、とても大切で、人生になくてはならないものだよ。

C：この世に愛ほど素晴らしいものはない。私は、アンドレに出会えて幸せよ。彼はずっと私の命綱なの、ほんとに。人生の後半に愛を見つけられたなんて、とてもありがたいわ。

A：時がたつと共に、最初はわからなかった性格や表情が見えてくる。若いときはホルモンがあるから——いや、今もないわけじゃないが、ほかのものも大事になってくるんだ。たとえば愛情とかね。何か問題が起こっても、なるべくたくさんの愛と理解を示さなくちゃいけない。意見が衝突しても、怒らずに話し合えたら、また一から理解し合ったり、愛し合ったりできる。

"When you are younger there are hormones, not that there are no hormones now, but other things are essential too, like affection."

ANDRE

「若いときはホルモンがあるから――いや、今もないわけじゃないが、
ほかのものも大事になってくるんだ。たとえば愛情とかね」
――アンドレ

Charlotte & Hylan

シャーロット & ハイラン

カリフォルニア州ロサンゼルス

愛の物語

　1985年のバレンタインデーのこと。ロサンゼルス行きの飛行機で、男性の隣に座った。その人は私のひざの上にあるアイリス・マードックの『The Philosopher's Pupil（哲学者の教え子／未邦訳）』という本を見て言った。「彼女は僕の親友だよ」。「史上最高の小説家とお友達ってこと？」と思わず叫んでしまった。そこから大好きな作家たちについてとめどなく語り合ったけれど、その多くも彼の友人だった。ハイランはディナー・デートに誘ってくれたけど、「私はミセス・ロビンソンじゃないわ」と答えた。そう、映画『卒業』の人妻のこと。彼はさっとパスポートを取り出すと、私より7つ年下の1938年生まれだと証明してみせた。

　実を言うと、私はこの見ず知らずの人を、たった6時間でよく知ることになった。17年連れ添った最初の夫よりも、そのあと10年一緒にいた2番目の夫よりも。話題がナボコフからナパーム弾へ、結婚生活や子どもたちからマディ・ウォーターズへとくるくる変わっていくさまは、魔法がかかってるみたいだった。私は男の人を求めていなかったけれど、ハイランはまれに見る素晴らしい男性だった。自分の女性的な感性におびえたりしない、本物の男性。優しくて、思いやりがあって、思慮深くて、クリエイティヴな人。結局、ディナーの誘いを受け入れた。

　33年前、あの飛行機の中で話し始めて、お互い86歳と80歳になったけれど、まだあの会話は終わっていない。そして、最愛の彼が教えてくれるように、「正しい人間でいなくては」という思いは、伝染病のように広がり、人々に影響を及ぼすものだ。

——シャーロット

"We started talking thirty-three years ago on that flight, and at eighty-six and eighty years old, that sentence hasn't come to an end."

CHARLOTTE

「33年前、あの飛行機の中で話し始めて、お互い86歳と80歳になったけれど、まだあの会話は終わっていない」
──シャーロット

Carol & Richard

キャロル & リチャード

ニューヨーク州ニューヨーク

　ほろ苦い。人生のこの時期って、ほろ苦いの。それは、思い出を振り返るときだから。ロングアイランド湾で海辺の家を借りて毎日泳いだ夏、近所の人たちから言われたわ。「映画のワンシーンみたいね」って。手をつないでデパートで買い物していた日には、「とっても幸せそう」って誰かが言った。フランス旅行、わくわく、冒険。二人でつくったアート、彼が変えた教え子たちの人生……。でも、もう昔とは違う。連れ合いは85歳で、歩行器を使い、多くの助けが必要で、記憶もおぼつかない。

　これからどうするのかって？　最善を尽くし、日々の試練に立ち向かい、気持ちを新たに生きる。前進あるのみよ。

　出会った頃、リチャードはハンサムな大学の先生だった。私は、彼がアートを教え始めた女子大の1年生。私は、一目で好きになったわ。在学中に恋に落ちて、卒業するとき「一緒にフィラデルフィアに来ないか？」って誘われたの。そこで教えることになったから、って。迷わず飛び込んだ。年の差なんて、物ともしなかった。恋は盲目で、時間なんて気にならないの。

　今私は74歳で、「人生には限りがある」って心に留めている。私はアーティストだから、創作を何とか続ける必要があるの。だから毎日、自分の心の奥底に浸り、やるべきことをやるエネルギーと力を手に入れている——リチャードと私自身のために。リチャードは、私にクリエイティヴでいてほしいの。私のそういうところを愛してくれているから。私は今、改めて振り返ってる。私たちはこれまで、そして今も、何て恵まれた、楽しい人生を送っているのだろうと。

——キャロル

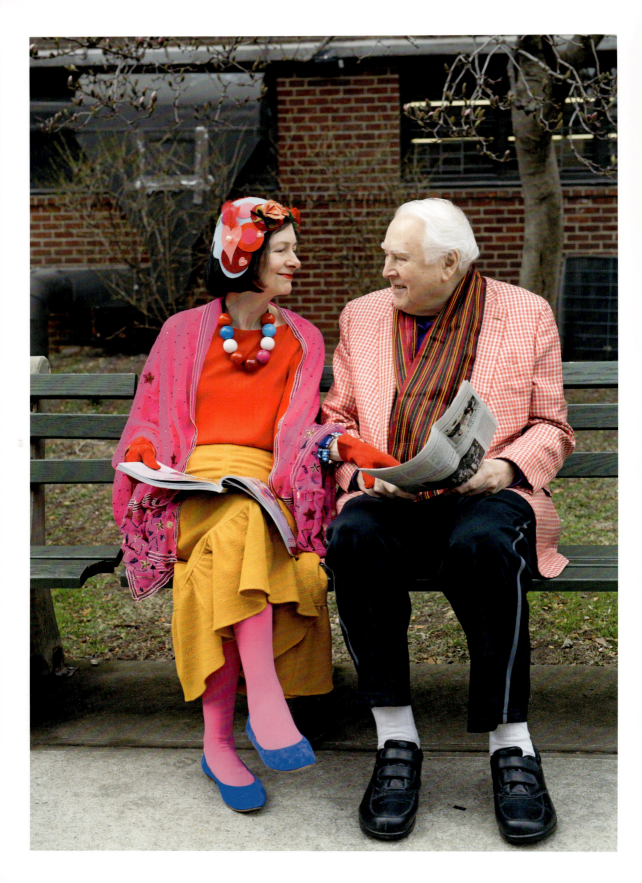

"THE ART WE MADE, THE LIVES THAT HE,
AS A TEACHER, CHANGED. NOW IT'S DIFFERENT.
ONE OF US IS EIGHTY-FIVE, USES A WALKER, NEEDS
LOTS OF HELP, AND CAN'T REMEMBER THINGS.
WHAT ARE YOU GOING TO DO? MAKE THE BEST OF IT,
CONFRONT THE DAILY CHALLENGES,
RENEW YOUR SPIRIT. KEEP A-GOIN'."

CAROL

「二人でつくったアート、彼が変えた教え子たちの人生……。でも、もう昔とは違う。
連れ合いは85歳で、歩行器を使い、多くの助けが必要で、記憶もおぼつかない。
これからどうするのかって？
最善を尽くし、日々の試練に立ち向かい、気持ちを新たに生きる。前進あるのみよ」

——キャロル

Debra & Stan

デブラ＆スタン

ニューヨーク州ニューヨーク

　15年間独り身でいて、62歳で誰かと付き合うなんて、あまり興味がなかったの。人生が充実していたから。アーティストであること、作品を展示すること、旅をすることで満足していた。「男の人がいないと満たされない」なんて感じたことは一度もなかったわ。もう少し若い頃はとても内気で、デートしたこともなくて、姉に太刀打ちできなかった。だからデートなんか後回しにして、セルフイメージをせっせと磨いて、人生を豊かにしていたの。でも現実を言えば、一人で年を取るのは不安だし、楽なことではないわよね。人は年と共に弱くなるのだから、時間や思いを分かち合えるいい友達は、神さまからの贈り物よ。

　スタンと出会ったとき、一目で好きになったわけじゃないわ。むしろ、意気投合するのに5年もかかった。初めて会ったとき、公園を楽しく散歩して、「よろしくね」って握手し合った。それなのにスタンは、共通の友達にこう言ったのよ。「デブラはとっても感じがいいけど、ピエロみたいな格好してるんだ！」

　私は自立した人間だから、ほかのパートナーがいたときも、常に自分自身のためにおしゃれしていた。これは私のアートなの。セルフイメージは、自分のアートの指針だと考えてるわ。

　その5年後に再会したときは、ピンとくるものがあった。よく言われるけど、時が止まったみたいだったわ。それからは時々会うようになって、そのうちお互いに心地よくなって、しょっちゅう会うようになった。お互いのいろんなことが面白かったの。どうってことないことがね。これといった騒動もなく、一緒においしいものを食べて、いい仲間と過ごし、もちろんリサイクルショップ巡りも楽しんでいる。

　今、11年たって思うの。ほんとに大好きな、ほんとに愛する人とずっと一緒にいられるなんて、魔法のように不思議なことだなって。

　――デブラ

Dennis & Patricia

デニス & パトリシア

ニューヨーク州ニューヨーク

P：私たちは、中学校のクラスメイトだったの。初デートは中学2年生のときよ。私が彼をセイディ・ホーキンズ・ダンス（訳注：女の子が気に入った男の子を同伴するダンスパーティ）に誘ったの。デニスはブロンドで、のっぽで、ハンサムだった！　ファーストキスはよく覚えてないわ──まだ運転できる年じゃなかったから、たぶんデニスのお父さんが車で送り迎えしてくれたのよ。次にデートしたのは、高3のとき。その頃には、いっぱいキスしてたわ！　彼、57年式のカッコいいシェビー・コンバーチブルに乗ってたの！　みんな車の中でいちゃいちゃ（パーキング）していたわ。

60年ほど一緒にいて、愛について学んだことは何でしょう？

D：真実の愛は、デートをしてお互いをよく知ったあとに生まれるものだよ。初期の段階を過ぎてから、ひたむきな愛情が生まれる。わくわくすることばかりじゃなくて、ありふれた日常も分かち合い、一緒に笑って、一緒につらい時期を乗り越える。そうして助けたり助けられたりしながら、どんな状況でも「この人は頼りになる」と知って、長く続くむつまじい関係を楽しめるようになるんだ。

関係を長持ちさせる秘訣は何でしょう？

P：秘訣の一つは、いつも一緒に過ごして、共通の趣味や喜びを持つことだと思うわ。子どもたちを一緒に育て上げるだけじゃなくてね。時には、歩み寄るすべを学ぶ必要もあるでしょう。自分を含め誰しも欠点はあるのだから、完ぺきを求めちゃいけない、と心に留めておくことよ。お互いに思いやりを持って接しているのであればね。あなたを心から愛してくれる人と一緒に生きれば、人生はよいものになるわ！

お二人のフルネームは、デニス・マクドナーとパトリシア・マクドナー（奇遇なことに、彼女の旧姓もマクドナーさんだったそう！）。

Dolores & Allan

ドロレス & アラン
カリフォルニア州コロナド

A：出会ってから、30年を少し超えたね。二人とも2度目の結婚なんだ。出会ったのは1986年11月16日。ニューヨークシティの東62番街のアルカディア・レストランだった。あのときから、ずっと一緒さ。

D：でもね、魔法の瞬間があったのよ。テーブルの下でひざとひざが触れ合ったとき、パチパチって火花が飛んだの。でも結婚生活は、楽ちんでみんながハッピーで……ってものじゃなかったと思う。二人ともすごく意志が強くて、すでにキャリアもライフスタイルもでき上がっていたから。この結婚には、お互い努力したわ。

A：そう、努力してきた。

D：結婚生活がうまくいってるのは、きっと自由だからよ。アランはとことん自由にさせてくれる。ほら、私を見て。彼が許してくれるから、こうして自分を表現できてるの。

A：許す、許さないの問題じゃないよ。君を止められるなら、月までだって飛んでいけるさ。

Delores & Ben

デロレス & ベン

カリフォルニア州ロサンゼルス

D：ベンと私はタスキーギ・インスティテュート、今のタスキーギ大学で出会ったの。共通の友人を介してね。その人は5年後に、結婚式で花婿付添人(ベストマン)を務めてくれたわ。出会ったとき、私は17歳でした。1955年の4月4日、ベンがお誕生日に素敵なダイヤモンドをくれたの。戸惑った顔をしちゃったのは、ダイヤが私の誕生石だったから。すると、ベンが言ったの。「好きなように解釈してくれていいよ」って。だから、婚約指輪ってことにしました。

結婚して60年たった今は、けんかもお互いを大いに尊重し、思いやるものに変わったわ。以前ならけんかしていたことも、今は笑ってる。お互いに多くの場面で、相手を第一に考えるようになりましたね。

B：出会った頃、デロレスに「成績を見せて」って言われたんだ。「何で？」って聞いたら、「バカとはデートしないの」だって。1957年6月2日にアラバマ州バーミングハムで結婚した。そのとき、デロレスに小さなことを決める名誉と特権を与えて、大きな決断は僕がすることにした。60年たったけど、大きな決断をする機会はゼロだったよ。家が火事にでもならない限り、大声を出し合うことはないし、彼女が僕に腹を立てていたら、僕はさっと台所へ行ってお皿を洗う。カリフォルニア史上、妻が皿洗い中の夫を殺害した事件は見当たらないからね！　妻がうちの子の母親だってことを、いつも忘れないようにしているよ。

エレン & ディック
カリフォルニア州ロサンゼルス

E：出会いはダンスのレッスンだったわ。ディックはブロンドの女性たちに囲まれていて、みんな巨乳だったの。私には絶対に興味を持ってくれない、ってわかっていたわ。だから、ダンス会場にはいつも一人で行って、女性たちに囲まれてる彼を見て……「フンッ、どうでもいいわ」って思おうとしてた。私はただそこへ行って、ダンスフロアに立って、誰かが「踊りませんか？」と誘ってくれるのを待ってたの。でも彼はとっても面白そうな人だったから、思ってたわ。「ああ、私はずっと、この髪にマッチした男性と結婚したかったのよね！」って。

エレンのどこに惹かれましたか？

D：いやあ、それはたくさんあるけれど、人柄かな。みんなエレンが大好きなんだ。僕の愛しい人さ。

付き合って何年になりますか？

E：結婚してから17年だけど、もう20年一緒にいるわ。出会ったときディックは63歳で、私は50歳だった。今彼は83歳で、私は50歳のままよ！

年下の人たちに、愛について何かアドバイスはありますか？

E：最初の相手を追い出すことかしら。私たちは、二人とも再婚なの。すごく若いときって、自分のほしいものがわからないでしょ？　わかるのは、年を重ねてからよ……。

"I've always wanted to marry a man that matches my hair!"

ELLEN

「私はずっと、この髪にマッチした男性と結婚したかったのよね！」

——エレン

Evita & Hans

エヴィータ & ハンス

カリフォルニア州サンタローザ

　2000年に夫が亡くなったの。44年間の素晴らしい結婚生活だった。独り身の新しい生活に慣れようと、サンタローザにいる娘や孫たち、ひ孫たちの近くに引っ越すことにしたわ。でも時間がたつにつれて、もっと活発に社会とつながって、お付き合いを楽しみたくなったの。ある日、一人じゃない自分をイメージして、あるリストをつくって、神さまに語りかけたわ。「1．幸せな結婚生活を送ったあとに、妻を亡くした男性であること。2．礼儀正しくて愛情いっぱいのジェントルマンであること」とね。

　その2日後、高齢者が暮らす「ヴァレナ・アット・ファウンテングローヴ」からカードが届いて、ランチに招待されたの。そこでのサービスに感動して、すぐに決めたわ。「サンタローザの家を売って、私もここの住人になろう」って。家が売れるのを待っている間に、ヴァレナが毎月開いてる「ゆっくり味わおう」（シップ & セイヴァー）ってパーティに出てみたら、このハンサムなジェントルマンがアイコンタクトを取ってくれたの。私が越してくると知って「お電話していいですか？」と聞くから、「ええどうぞ」と笑顔で答えたわけ。

　ハンスと私は、それからずっと一緒よ。彼は12歳年下なの。私は94歳よ──同い年の人だと、私の体力についてこられないから！　二人で熱気球に乗ったり、車で長旅をしたり、木のこずえからこずえへとジップラインを楽しんだりしてきた。亡くなった伴侶の話も、自由にするわよ。お互い前のパートナーを心から愛しているけど、送り出したの。でもね、私たちの心の中には今も彼らがいて、私たちの仲を認めてくれてる、と感じるわ。だから、過去の経験を語り合うのも素晴らしいことなの。人を愛し、恋しがることはできても、連れ戻すことはできないわ。そして、亡くなった人たちも、私たちが前に進むことを願ってる。かつてのような愛を見つけてほしい、と願ってくれている。

　──エヴィータ

ガイ & ロンダ

カリフォルニア州ロサンゼルス

G：私たち、45年も一緒にいるの！

R：出会いはブラインドデート。ブラインドデートなんて、二人とも初めてでした。

G：頭にきたのは、私の前の彼女が、私たちをくっつけようとしたこと。私をフッた責任逃れをしようとしたのよ。

R：そう、その元彼女と付き合ってたのが、私の元彼女だったんだよね。

一目で恋に落ちたのですか？

G＆R：たちどころに！

R：本当にね。私がガイにうっとりしちゃったんです。

G：車まで歩いて戻るとき、古着屋で買った大きなムートンコートを広げたら、ロンダもさっと入ってきて、一緒にくるまった。そのまま二人で通りを歩いたの。最高だったよね！

R：ガイは特別な人だとわかったから、家に泊めたりしなかった。敬意を払ったんです。浮ついた遊びじゃなくて、最初からピンとくるものがあったから。

G：初めてロンダの家に泊まった夜、目が覚めたら彼女、私をホンダのバイクに乗せて、ハリウッド・フォーエバー墓地に連れていってくれたの。とってもロマンティックだった。

こんなに長く一緒にいられるのはなぜですか？

R：ああ、それはガイが粘り強くて私を放さないから。彼女は誠実な人で、クレイジーな女性が好きなんです。この関係は本物。ただそれだけのこと。

G：うまくいってる秘訣は、朝目覚めて「この人誰？」って言いたくなるようなところね。ええ、ロンダのことはとてもよく知っているけど、いろんな意味で「いや、何にも知らないわ」と気づかされたりする。それって素晴らしいこと！

Homeira & Arnold

ホミラ & アーノルド

カリフォルニア州マンハッタン・ビーチ

　愛に対する簡単な答えも、シンプルな答えもないわ。

　愛は絶えずわくわくするような新しい経験を生み出し、人生を決して退屈なものにはしない。

——ホミラ

ジェリー&イヴリン
カリフォルニア州パームスプリングス

J：1938年12月に、ユダヤ系の若者の社交クラブ、「AZA」のパーティで会ったんだ。イヴリンはこのパーティのために、ポートランドからシアトルまで来ていて、そこで出会ったというわけさ。運命の週末だったよ。

E：私は16歳で、ジェリーは19歳だったわ。

J：僕は今98歳で、イヴリンは95歳だ。時はどんどん過ぎていくね。結婚して76年になるけど、その前に3年間付き合ってたから、間もなく80年も一緒にいることになる。恋愛時代が長かったのは、僕がシアトルで学校に通っていて、イヴリンはポートランドに住んでいたから。それで結局、僕がポートランドの学校に入ったんだ。1942年に検眼医の大学を卒業したんだけど、結婚したのは1941年だよ。

E：みんなに言ってるの。仲よしの秘訣は、二人とも耳が遠くて、聞こえないことがたくさんあるから、お互いに笑顔を向け合っていることよ、って。大事なのは愛と敬意ね。それに、二人とも健康なのもありがたいわ。私たちには、素晴らしい家族がいるの。子どもたち全員が「一緒に暮らそう」と誘ってくれるけど、移りたくないの。たぶんいろんな決断ができる健康なうちに、前もって計画すべきなんでしょうけど、まだ考えたくないのよ。

J：一人になるって考えると怖いね。でも僕たちの年齢になれば、みんな抱える問題なんだよ。

Meri & Jerry

メリ&ジェリー

カリフォルニア州パームスプリングス

　1979年、サンフランシスコがニューヨークに出会ったのは、ユニオンスクエアのアイ・マグニン百貨店でのファッションショー。一目ぼれだった。彼女はシティ・ガール・スタイルで、彼はニューヨーク・スタイル。家族、ファッション、好きなもの、嫌いなもの、すべてが同じだった。何より大きかったのは、二人とも相手のどこが好きかを自覚していたこと。私たちは互いに寄り添い、敬意と思いやりを持って支え合っている。この関係はどうやら、常にうまくいっているようだ。ではここで、愛を長持ちさせる秘訣をお教えしよう。それは、私たちが決してあきらめなかったこと。そして38年たった今、二人はとにかく友達で、永遠の恋人なのだ。

　　　――メリ&ジェリー

Jim & Alfredo

ジム&アルフレッド

サン・ミゲル・デ・アジェンデ（メキシコ）

　昔ながらの出会いだよ。バーで知り合ったんだ。当時は携帯電話もメールも、出会い系アプリもなかったから……二人の男がナイトクラブで話をしただけ。仲間たちに励まされながらね。

一番の思い出は何ですか？

　ようやく正式に結婚できたときだね。2008年にカリフォルニア州サンタローザで結婚した。同性婚は当時、「市民契約（シビルユニオン）」とかいろんな呼ばれ方をしていたけど、そういうのは絶対にイヤだった。結婚証明書とか誓約式とかジムの会費の割引券だけじゃなくて、正式に結婚してるほかのカップルと同じ権利と恩恵を手にしたかったんだ。

　僕たちがカリフォルニア行きを決めたのは、あの夏と秋に結婚を許されてたほかのカップルの支えになりたかったから。そう、同性婚を禁止する「提案8号」が可決されてしまう前にね。ソノマ郡庁舎の美しい中庭で、親友のホレスとジョーンに指輪係とフラワーガールを務めてもらったら、何だかジーンときて、二人して式の間中ずっと泣いていた。二人とも大したことじゃないと思っていたけど、あの瞬間、ハッとしたんだ。「一生ムリだ」と言われ続けてたことを今経験しているんだな、って。何年もたって、全米で同性婚が合法化されたときも、このときと同じ、うれし涙を流したよ。

——ジム&アルフレッド

John & Deborah

ジョン&デボラ

ブリスベン（オーストラリア）

J：結婚して42年になるよ。

結婚生活の秘訣は何ですか？

J：彼女が美しいこと！

D：それだけじゃないわ。最初から、私たちには共通点がたくさんあったの。競馬とファッションと音楽が大好きなところよ。

J：それに、若い人たちの力になるのも好きだね。人生は山あり谷あり。楽なことばかりじゃないけど、コツコツ頑張らなくちゃいけない。お互いに、コミュニケーションを欠かさないことだね。

D：そう、何よりもコミュニケーションが大切よ。

John & Sylvia

ジョン&シルヴィア

ミシガン州デトロイト

S：ジョンに出会ったのは、彼が法学部の1年生だったとき。彼は目が見えないから、文字を読んでくれる人が必要だったの。結局、同じ建物に住むことになったわ。私は当時、ジョンの友達と付き合ってたんだけど、別れてから、ジョンのために文字を読み始めたわけ。

ジョンほど美しい背中をした男性はいなかった。腕もほんとにたくましくて。彼は運動おたくだから、私はいつもドアのすき間からのぞいてたの。そうしたら、私まで運動おたくになっちゃった。ジョンは本当にいい人。優しい男性よ。こういう人にはなかなか出会えない。当時も今もね。

デートを始めて、いろんなことが重なって、結婚してもう45年。みんなと同じようにいいことも悪いこともあったけど、私の人生で最高の出来事は、彼との出会い。何と言えばいいのかしら……生涯の恋人ね。

J：僕は、シルヴィアのスタイルが大好きなんだ。自分らしさを貫いている。僕は服には興味がないけど、彼女のおかげで、みんなが僕の着こなしに一言くれるのがうれしい。みんなうちへ来て言うよ。「美術館みたいですね」って。いろんな要素が折衷されてて、ユニークで、彼女ならではのスタイルなんだ。シルヴィアのおかげで、自分がどういう人間で、自分がどんなことに取り組んでいるのか、意識するようになった。「もっとうまくやらなくちゃ」「もっとうまくやれたはずなのに」って自分を責めてしまうこともあるけど、彼女が言ってくれる。「私が見たところ、目が見えていても、あなたほどうまくやれてない人もいるわよ」って。自分が恵まれているのはわかってるけど、「ちゃんとやれてるよ」って誰かに言ってもらいたいときもあるのさ……それを、彼女がしてくれる。

Jorie & Gordon

ジョリー&ゴードン
カリフォルニア州パームスプリングス

　1958年の秋にマンハッタン・ビーチで出会って、1960年1月にポーチュギーズ・ベンドのガラス張りの教会で結婚したの。私は今89歳で、ゴードンは4月に86歳になるわ。私たち、人生最高のときはハネムーンと今だと思ってるのよ。私は去年、フリーランスのファッション・ジャーナリストを辞めた。ゴードンは2001年にパームスプリングスに越してきたとき、株式仲買人を引退したわ。そしてここでバンドを立ち上げたけど、最近やめたの。トロンボーンを吹く息が続かなくなった、って。

　毎朝、散歩とたっぷりの朝食で一日を始める。二人ともアートが大好きだから、展示会のオープニングに出かけることで、仲間とつながっているわ。ゴードンは音楽好きだから、よく一緒にLAにオペラを観に行くの。つい最近観たのは『キャンディード』。週に一度はピクニックに行くことにしてる。

　二人とも、スタイルをとても大事にしてるわ。ただしゴードンは、次に何を着るかを考えるより、ジムに行くほうが好きだけど。私は着こなしのことで頭がいっぱいよ。今は執筆していないから、これが一番の創作活動なの。彫刻家のルイーズ・ネヴェルソンに出会うまでは、年を取ってからどんな格好をするかなんてわからなかった。ルイーズは70歳のときに、ミンクのまつ毛をつけて、シルクを頭に巻いて、床まで届くチンチラのコートを着ていた。セクシーだったわ！　それで気づいたのよ。母さんみたいに全身コンサバにならなくてもいいんだって。

　フランス人の「よく食べ、よく飲み、よく着こなして、よく生きる」という考え方は素敵。スタイルとユーモアセンスだけは、誰にも奪えないのよ。私は年齢におびえたりしないわ。幸い、若い頃より今のほうがたくさん褒めてもらえてる。

　ロマンスはどうかって言うと——そう、セックスのこと——恋する若者よ、安心して。それはなくなったりしないから。もしかしたら、さらによくなるかもよ。

——ジョリー

"As for romance—all right, sex—young lovers take heart. It lasts. It may even get better."

JORIE

「ロマンスはどうかって言うと——そう、セックスのこと——恋する若者よ、安心して。それはなくなったりしないから。もしかしたら、さらによくなるかもよ」

——ジョリー

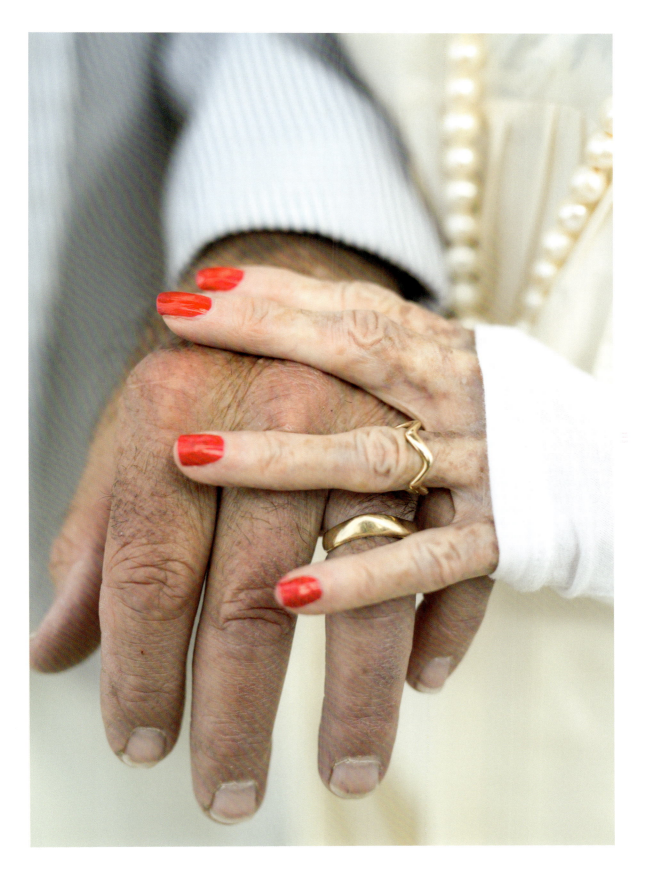

Joseph & Caroline

ジョセフ&キャロライン

フロリダ州ポンパノ・ビーチ

J：1ヵ月ほど前、バスツアーに参加したら、この美しい女性が一人で座っているのが見えた。だから立ち上がって、隣に座ることにしたんです。そして、おしゃべりが始まった。あの日からずっと一緒です。いろんな催しに一緒に出かけて、それはそれはいい友達になりました。もう決して離れられないよ。

C：いくつになっても、面白い人には出会えます。ジョセフはとっても面白いの。私は79歳で、彼は90歳よ。ジョセフはリフレクソロジーのお医者さんで、哲学者でもあるんです。インドに行ったこともあるのよ。毎年行ってるんですって。彼から多くのことを学んでいます。とても感じがよくて、親切で、本当に優しい人。私はニューオーリンズのケイジャン・クイーン（訳注：フランス系移民の子孫）よ。ずいぶん成長したものよ。

Iris & Leonard

アイリス&レナード
ニューヨーク州ニューヨーク

I：私たち、70年も一緒にいるの。町の仲間を通して知り合って、私がレナードに、当時付き合ってた彼氏の妹を紹介してあげたのよ。でもすぐに、私がレナードを好きになって、電話でディナーに誘ったの。そして、3ヵ月後に婚約した。実は、一目ぼれだった。

愛を長持ちさせる秘訣は何でしょう？

I：秘訣は、最初に感じた魅力が、色褪せないことかしら。私たち、けんからしいけんかをしたことがないの。本当にウマが合うのよ。

L：そう、僕が言いなりだから！

I：うちの父がレナードに、私といい夫婦でいる秘訣を教えたの。「何でもアイリスの言う通りにして［クスクス笑う］、毎回『はい』と言うんだぞ」って。彼、その通りにしてるの！

L：長年一緒にいるけど、僕はどんどん好きになってる。いつも一緒だからね。僕たちは決して離れない。どんなときも絶対に一緒で、一度も離れたことがないんだ。

Louise & Paul

ルイーズ & ポール

ニューヨーク州ニューヨーク

　出会ったのは、お互いが30代半ばと後半に差しかかった頃。二人とも再婚だった。私は今82歳で、ポールは84歳になったけど、ここまで素晴らしい旅だったわ。お互いすでに2人の子持ちだったから、4人をポーンと同じ釜の中に放り込んだの。みんなまとめて料理したら、素晴らしい家族ができたってわけ。幸い私たちは、たくさんのことを一緒に楽しめている。いまだにエクササイズもウォーキングも一緒にしてるわ。ポールを誘えば、どんなお芝居にも映画にも付き合ってくれる。真実の愛よね。

——ルイーズ

Magda & Raul

マグダ & ラウル

ニューヨーク州ニューヨーク

M：私のほうは、一目ぼれだった。二人とも伴侶を亡くして、海の上にいたの。客船に乗ってクラシック音楽を楽しむ、素敵な地中海クルーズに参加してたのよ。ラウルは独り身になって9年以上、私も5年だった。実はね、初対面のとき、「この人と結婚する」ってピンときたの。握手した瞬間にわかって、一瞬息が止まったわ。恋人を求めてはいなかったから、54歳で出会うなんてびっくりだった。船に乗ってる間、女友達がみんなで、私たちをくっつけようと頑張ってくれた。

ある晩、彼女たちがいたずらっぽく彼に聞いたの。「ラウル、マグダに星を見せてあげた？」って。ラウルは紳士だから、私を船首のほうへ連れてって、一晩中、亡くなった奥さまの話をしてくれた。私も自分の話をして、亡くなった連れ合いのことを語り合ったの。何日も過ごすうちに、お互いに心を通わせていったけど、恋人になる気配はなかったわ。電話番号だけ交換して別れた。ラウルは家に帰って、仲間たちに感想を伝えてた。「いい出会いはあったかい？」と聞かれて、「ああ、スペインから来たきれいな人に会ったよ。でも、ちょっと変わってたんだ。僕たちが結婚する、って言うんだもの」と。

1ヵ月たっても連絡がないから、私から電話することにしたの。これが、遠距離恋愛の始まりよ。

R：58歳で、また恋に落ちたんだ。マグダのすべてが大好きになった。彼女には子どもがいないし、うちの息子たちはもう自立してたから、彼女のことを受け入れてくれたよ。「時間を無駄にしてる場合じゃない」と気づいて、半年足らずで結婚した。「20年も一緒にいられるのはどうして？」って聞かれたら、「僕たちを結びつけてくれた、音楽と芸術のおかげ」って答えるな。音楽の趣味が合わないカップルもいるけど、幸い僕たちはクラシック音楽を心から愛しているし、美術館で丸一日過ごせる。ヴェルディ、モーツァルト、ピカソ、ダリ、リヴェラ……彼らが僕たちの愛を見守ってくれている。

"I remember when I first saw him, I knew I was going to marry him."

MAGDA

「実はね、初対面のとき、『この人と結婚する』ってピンときたの」

——マグダ

Massimo & Gino

マッシモ & ジーノ

シチリア島パレルモ（イタリア）

　1978年1月のことよ。ジーノが、私が住んでたローマに旅行に来たの。イタリア初のゲイ協会で出会ったのよ。よくある一目ぼれってやつ。恋に落ちて、ジーノは仕事も彼氏も全部捨てて、ローマにとどまった。

　1980年に、ジーノが育ったパレルモに引っ越して、そのまま今も住んでいるの。もう40年ほど一緒にいて、愛も仕事も政治的な活動も共にしてる。イタリアでも有力なゲイ協会「アーチゲイ」を共同でつくって、「ネオ」というパレルモ初のゲイクラブも一緒に開いたわ。

　1993年6月28日、プレトリア広場で人前結婚式を挙げたの。これはちょっとした衝撃を与えたわね。「シチリア＝マフィアが牛耳る島」っていう国内外のイメージに、まるでそぐわない出来事だったから。

　たくさんの人に「永遠の愛の秘訣は何ですか」って聞かれる。私たちはどんなときも、愛し合い、尊敬し合ってきたわ。お互い、相手に「変わってほしい」なんて期待したことはない。永遠の愛を約束し合ったことは一度もないけど、一日一日を穏やかに過ごしているの。「この愛は続くのかしら？」「いつまで続くのかしら？」……なんて考えずにね。

　──マッシモ

Marisela & Paolo

マリゼーラ & パオロ

ローマ（イタリア）

　アリが前回ヴィラ・ラ・フリボンダに来たとき、私の隣にいるパオロをそれは美しく撮ってくれました。これは愛と深い感情に包まれた、特別な写真です。

　今日、パオロはもうここにいませんが、あの素晴らしい写真は私にとって、かけがえのない愛の一番の証人です。パオロは永遠にあの写真の中にいて、私はそこに彼の心と、優しさと、笑顔と、愛を見つけては、ほっとするのです。

　私たちはお互いに、今もあの頃のままです。

　——マリゼーラ

Maria Pia & Antonio

マリア・ピア & アントニオ

ローマ（イタリア）

　私たちは1954年から一緒にいるの。婚約者として7年過ごして、1961年7月に結婚したわ。

　出会いは、土曜の午後にローマの近くで参加したサマーパーティ。ある友達が紹介してくれたの。その晩ずっとおしゃべりしていたら、アントニオが赤いバイクでローマまで送ってくれた。あの夜に、すべてが始まったのよ。ずっと一緒にいる秘訣？ それは、相手を自分の人生の重要人物にすること。時にはバカなことをしてしまうこともあるけど、どんなときも「大切な人だ」とわかっていればいいのよ。

——マリア

Marsha Music & David

マーシャ・ミュージック & デイヴィッド

ミシガン州デトロイト

　年を重ねてからの恋については、驚くほどのわくわく感とか性欲とか、すでに多くのことが書かれている。ただし、シニアの恋は、一生分の複雑な迷路を越えて、うまく進めなくてはならないものだ。かつての伴侶や子どもたちや友人たちとの何十年にもわたる関係や、ややこしくもつれた財産や相続の問題、心地よい晩年を支える資産の先細り……。これは喪失を越えてきた恋であり、若者が抱く「無敵」という幻想とも無縁のものだ。たとえ華やかに着飾っていようと、弱さと衰え、医者と薬、痛みと苦しみがすぐそばにある。

　アーティストである夫、デイヴィッド・フィルポットとの出会いは、2011年の彼の作品展だった。彼は「Nナムディ現代美術センター」での展示会のために、私の住むデトロイトを訪れていたのだ。私はくるぶし丈の黒いワンピースの上にエスニックな布を羽織り、白サンゴとヒスイと赤メノウのネックレスをして、チベットの印鑑をペンダントとして身に着けていた。角を曲がると、フィルポットのアートがパッと目に飛び込んできた。それは高さ180センチほどの浅浮き彫り彫刻の杖（つえ）で、宝石や貝殻やスワロフスキーのクリスタルで飾られていた。フィルポットは牛や、時計で装飾した家具も創作している。

　私はわくわくして、さっと作者のほうを向いた。すると、ぶかぶかの服を着た、素朴で飾り気のない男性が、作品の隣に腰かけていた。あとで知ったのだが、45年も連れ添った妻に先立たれ、5年も深い悲しみに暮れ、ようやく立ち直った頃だったそうだ。白いあごひげをたくわえ、髪の毛はぼうぼう、頭には昔風のボルサリーノ・ボーラーハットをかぶっている。おとぎ話に出てくる木こりみたいな風貌で、凝った装飾を施した杖に寄りかかっている。それは、きらびやかな彼の作品のまさにミニバージョン。綿菓子のような甘さと優しさが、ほんわりと彼の周りに立ち込めているのがわかる。

　私は、知りたくてたまらなくなった。「一体どういう人なんだろう？　こんなに素朴な人が、これほど華麗な作品を生み出すなんて」。フィルポットは立ち上がって、じっと見つめた――私を、ではなくネックレスを。ネックレスに手を伸ばしてから、私の顔を見上げ、驚いたようにこう言った。「あなたはとても美しい！　結婚していますか？　手にキスをしてもいいですか？」

彼は興味深い人物ではあったが、惹かれはしなかった。それに、私より13歳も年上だ。私は結婚を2回して、5年前にのっぽで色黒のとんでもない夫と離婚していたから、もう一度ジャンプする覚悟はなかった。だから展示会の初日が終わって、美術館オーナーのジョージ・Nナムディが私たちをくっつけようとしても笑い飛ばしていた。ところが、笑っていたのに、結局そうなってしまった。硬い岩の中でひそかにきらめく天然石の結晶みたいなフィルポットは、デトロイト(ドゥルージー)に戻ってきて、静かに、紳士的に、でも大胆に私を口説いたのだった。初デートの日、ウェイターたちには金貨のチップを、私には海外旅行のお土産をどっさりとくれた。そうして私は、「ユニバーソウル・サーカス」を観に行った日に、彼の優しさに参ってしまった。

　5ヵ月後、フィルポットは私が通う教会で、集まった人たちの前でひざまずき、プロポーズしてくれた。8ヵ月間、おもに電話で愛をはぐくんで、2012年2月に結婚した。私は金糸の刺しゅうが入ったセネガルのドレスに身を包み、古着屋で見つけたウェディングドレスのレースを切り取ってこしらえたベールを身に着けた。彼は赤い刺しゅうを施した黒い豪華なアフリカのグランドブブを着ていた。そして二人して、彼がつくった見事な杖を携え、ヴァージンロードを歩いた。

　カップルになってから、フィルポットの許しを得て、彼のスタイル磨きを手伝っている。彼自身も、新たに芽生えたファッションへの情熱に目を丸くし、パシュミナ・スカーフを華やかに巻けるようになった。私が買ったスチームパンク・ハットも、フィルポットの型破りでアーティストらしいスタイルに欠かせないアイテムになった。

　私は、女性たちが教会に行くときのような、シンプルでスタイリッシュなおしゃれをする家庭で育った。洗練された黒人の街で、幼い頃からスタイルを学んでいる。年々サイズが大きくなる、という課題も抱えながら。一見、変わったのはフィルポットのように見えるけれど、こうして「歩くインスタレーション」の片割れになったおかげで、おしゃれが大好きな気持ち――真のアート活動――を満喫させてもらえているのは私のほうだ。今ではお互いのスカーフを交換し合ったり、ネックレスのことでけんかしたり、同じ香水をまとったりしている。私たちはクリエイティヴな「デトロイト・スタイル」のお手本として、絵に描かれたり写真を撮られたり、さまざまに表現されている。フィルポットは深刻な病(やまい)を抱えているけど、病めるときも健やかなるときも、私たちは歩み続ける。なぜなら私たちの愛は、苦難の谷に息づいてはいるけれど、喜びの光を求めて暗闇を乗り越えていく愛だから。これは相棒への愛であると同時に、二人で歩む残りの人生への愛なのだ。

　――マーシャ

Nikki & Martin

ニッキ & マーティン

ブライトン（イギリス）——LAにて撮影。

N：私たち、2016年7月にオンラインで知り合ったの。ええ、なかなか今風でしょ？

M：僕たちは、初日から以心伝心だった。お互いのそれはたくさんのことを一瞬で理解したんだけど、穏やかに、軽やかに、楽しく、正直に、優しくわかり合えた。ほんとに気が合ったんだ。まず惹かれ合って、そのうち共通の趣味がたくさんあることに気づいて、心がほっこりしたよ。お互いのユーモアを楽しんだり、一緒にいろんな経験をしたり、バカなことをし合ったり、さりげなくじゃれ合ったり。お互いの目が語ってた。「君の時間を無駄にはしないよ」って。

N：人生後半の恋は、どうやら若い頃の恋よりずっと、つらくもドラマティックでもないみたいね。めまいがするほどハイになったり落ち込んだり、そういうのが少ないの。苦しくなったり、胸が痛んだりもしない。ただ温かくて、幸せで、心からほっとできる。実は一目ぼれじゃないのよ。3日ぐらいかかった。でも、それからはずっと一緒。二人で笑って、二人で歌って、二人でダンスして、イヤな日なんて一日もないわ。毎日がハッピーよ。

Maureen & Leland

モーリーン & リーランド
カリフォルニア州パサデナ

M：出会いは、大学の芸術学部よ。女友達と私は、リーランドのことをヘンな人だと思ってたの。つぎはぎのズボンをはいて、皇帝みたいに両端がくるりんとはね上がったひげを鼻の下に生やしてたから。私たちは彼のルームメイトに熱を上げてたけど、私がおしゃべりできたのは、彼のほうだったわけ。結婚して47年になるわ。ミュージシャンの彼と結婚するまで、一人暮らしとは無縁だったのよ［笑］。

L：私は出張が多いからね。モーリーンや犬たちと家にいられなくて寂しいよ。いろいろ好きなことを一緒にしたいのに。

いい関係でいられる秘訣は何ですか？

M：父と正反対の人と結婚したこと。

愛について、何かアドバイスはありますか？

M：うちは、あまりけんかしないわね。

L：ちょっと辛抱して、相手の話に耳を傾ければ、乗り越えられると思うよ。

M：私は、「彼に何かあったらどうしよう」って心配してる。若い頃からずっと一緒だもの。連れ合いというだけじゃなくて、親友だからね。

Mike & Irene

マイク & アイリーン

カリフォルニア州ハイランド

　41年間仕事を楽しんだあと、私も退職して、リタイア生活を満喫している夫と過ごすことにした。でも、時間がたつにつれて、自分に対しても夫に対しても認めざるを得なくなった。自由な新生活にうまくなじめないのだ。長年仕事のおかげで注目され、やりがいも感じていたのに、何だか寂しい。ちょっぴり透明人間になった気分で、この新しい現実と向き合わなくてはならなかった。

　あ然としたのは、その後マイクからこう言われたとき。「君の退職に、僕もなじめないんだ」。そこで、腹を割ってじっくり話し合ってみて、気がついた。これは二人の関係を結び直して、お互いを今までと違った目で見るチャンスなのだと。1977年に結婚生活を始めた頃のような気分になった。

　長年、私たちの関係は私を中心に回っていた。でも、人生の後半に差しかかって、「今度は私がマイクを幸せにして、満足させてあげる番だ」と気がついた。つくづく思ったのだ。毎日を楽しみ、毎日をこんなに大切に過ごしている人が連れ合いだなんて、何て幸せなのだろうと。このプロセスがくれた贈り物は、マイクの人柄に改めて感謝の気持ちがわいたこと。40数年前、そこにほれて恋に落ちたのに、いつの間にか当たり前になっていた。謙虚で、ウィットに富んでいて、心が広くて、ユーモアがあって、古風なくらい礼儀正しい——そういうところが愛しいのだ。もちろん、一番の持ち味である「辛抱強さ」も魅力的だ。ええ、素直に認めるわ。私と暮らすなら、辛抱強くなくてはいけない。

　なぜこんな話をするのかって？　こうして言葉を書き連ねているうちに、また夫にほれ直している自分がいるからだ。そう、今さらだけど。私たちは今、私ではなく、マイク優先の毎日を送っている。

——アイリーン

"HIS ULTIMATE TRAIT [IS] HIS ENDURING PATIENCE. YES, HE WOULD NEED THIS TO LIVE WITH ME, AND I OPENLY ADMIT IT."

IRENE

「夫の一番の持ち味は、辛抱強いこと。
ええ、素直に認めるわ。私と暮らすなら、辛抱強くなくてはいけない」

——アイリーン

Mort & Ginny

モート & ジニー

カリフォルニア州ポイント・レイズ・ステーション

M：ヴァージニア（ジニー）と俺は55年間、朝から晩まで一緒にいるよ。ジニーによると、秘訣は、どんなときもお互いにとびきり親切にすること。

G：モートも、ずいぶん長く私と付き合ってるわね。

M：うちの両親と初めて一緒に出かけたとき、ジニーのいでたちを見て、俺たちの後ろを1区画（ブロック）ほど離れてついてきたよ。彼女、お手製のでっかい真っ赤なベルベットの帽子をかぶって、ベルベットのでっかいケープをまとってたからね。両親がジニーを受け入れたのは、一緒になって20年後だった。

G：出会ったとき私は21歳で、一緒になったときは22歳だった。私たち、ポイント・レイズ・ステーションで近所に住んでたの。

M：風呂から出て、タオル1枚で下の階に降りてったら……あのときが初対面。

G：モートの大家さんが、「あんたたち、付き合いなさいよ」って言ってたの。それなのに心変わりして、「あの娘（こ）は奔放すぎるわ。考え直したほうがいい」って言ったのよ。

M：「もう遅いよ」って返事しといた。

G：それからすぐ、私がモートの服も選ぶようになったわ。彼のためにベルベットのコートやベルベットのケープをつくり始めた。出会った頃、彼の服を全部短く切っちゃったけど、この人とっても優しくて、ぎょっとした顔なんかしなかった。私はおしゃれが大好き。おしゃれしないなんて、想像もつかない。私が素敵な服や帽子を身に着けずに出かけるようになったら、お墓を掘ったほうがいいかも。

M：「お二人に会うと、幸せな気持ちになる」って、みんな言うよ。「来てくれてありがとう」って。俺たちは世の中を、ちょっぴりカラフルにしたいだけ。

お二人にとって、愛とは何ですか？

M：パートナーを見るときの、いい気分のこと。

G：愛とは、魂が目覚めることよ。

M：俺たちは、どんなことも一緒にしてる。ジニーが郵便局や編み物サークルに出かけると寂しくなる。いつもお互いそばにいるからね。この間、ふと考えたんだ。二人一緒じゃなかったら、何をしたらいいかわからないよ。人生が空っぽになるだろうな。

G：一緒じゃないなんて、想像もつかないわ。

M：どんなときも一緒に生きてきたからね。

Nancy & Clovis

ナンシー & クロヴィス

ニューヨーク州ブルックリン

N：12月にね、一緒になって56年になるの。

C：ナンシーのことは、結婚するずっと前から知っていた。ジャマイカにいた子どもの頃からだもの。近所に住んでいて、ずっと友達だったんだ。ナンシーはいつも優しい女の子だったよ。僕はナンシーに惹かれていて、ナンシーも僕のことを、まあ好きでいてくれた。

N：クロヴィスは、いつも私を追っかけてたわ。学校に行くバスに乗るには、彼の家の前を通らなくちゃいけないんだけど、彼、私の家のほうまで来て、呼び止めるのよ。目を向けた場所には、必ずクロヴィスがいたわね。いつも外で待ってて、私を見つけると近づいてくるわけ。14歳のとき、「映画に行かない？」って誘うから、両親に「行ってもいい？」って聞いたわ。いい顔はしなかったけど、行かせてくれた。クロヴィスは小さな紳士で、とっても親切にしてくれたわ。一緒に出かけて、映画を観て、お菓子を買ってくれるって言うから、キャドバリー・チョコレートを注文した。そのあと、一緒にバスで帰ったの。

キスもしないで？

N：まさか、しないわ。今とは違ってたもの。

C：キスもしない、ハグもしない。

N：家族が、私の帰りを待ってたわ。そのあと何度かデートしたわね。でも、私は両親と生まれ故郷のパナマに戻って、むこうの学校を出なくてはいけなくなったの。そうしたら、数年後にクロヴィスが来てくれた。ずっと手紙と電話でつながっていたけど、パナマまで来て、プロポーズしてくれたのよ。

C：婚約したときは、18歳くらいだったね。

N：「結婚させてください」ってうちの父にお願いするには、パナマに来なくちゃいけなかったの。婚約したのは、1960年頃。私はクロヴィスが大好きだったし、今も大好きよ。人生には浮き沈みがあるわ。どんな人の人生も、楽あれば苦あり。

C：結婚は約束だよ。だから、死が二人を分かつまで、僕はナンシーと固く結ばれてる。彼女から離れることはない。ぼくもみんなもいつか死ぬから、それが別れになるんだろうね。僕は、生涯一人の人といたいタイプさ。結婚してからずっと、いや実は、子どもの頃からずっと彼女一筋なんだ。知り合って少なくとも70年になる。僕はもうすぐ80歳で、彼女も79歳。ひたむきな愛はどんどん強くなってる。生涯をかけて尽くし合わないなら、別れるほかないよね。

Nazare & Eduardo

ナザレ & エドゥアルド

シントラ（ポルトガル）

　最初は親友だったの。1980年代前半のことよ。一緒に本気でたくさん楽しんで、クレイジーな冒険も山ほどした。そんな親友同士が、結婚することにしたのよ。もう39年もたつけど、二人とも、人生最高の決断だったと思ってる。

　今も四六時中一緒にいるわ。「バン・バン・タトゥー」というタトゥー・スタジオを一緒に経営して、息子たちの世話をして、旅行して、レアなロックンロールのレコードを聴いて、ヴィンテージのお宝を探し回って、相変わらず毎日笑ってばかり。これ以外の人生なんていらないわ。

　私は彼がいてくれるから、私らしくいられるの。彼がいなかったら、こんなにクレイジーじゃいられないわ。

　——ナザレ

"I AM WHAT I AM BECAUSE OF HIM. I COULD NEVER BE THIS CRAZY WITHOUT HIM."

NAZARE

「私は彼がいてくれるから、私らしくいられるの。
彼がいなかったら、こんなにクレイジーじゃいられないわ」

——ナザレ

オレン&ロブ

ニューメキシコ州サンタフェ

R：最近、39周年を祝ったばかりなんだ。

お二人のなれそめは？

O：ロブが、インディアナポリスの私の美容室に働きに来たんです。二人とも、そこが地元。

R：僕は21歳だった。ディスコ・ミュージックが流行ってた頃さ。

O：ロブが入ってきたとき、「素敵！」と思ったけど、当時、私には別の恋人がいたんです。でもいろいろあって、気づいたらお互い離れられなくなってた。だけど、二人とも「付き合わない」って決めてたんですよ。彼はとっても若くて、まだ21歳でしたから。でもその決心は、土日の間しか持たなくて。結局一緒に暮らし始めて、それからはずっと一緒。5年前までは、家も職場も一緒でした。

R：法的な結婚が許されてすぐ、結婚したんだ。運命の相手だ、って二人ともわかってた。長い間正式な結婚ができなかったから、ずっと言葉と心で誓い合ってた。

O：私たち、一緒にいたいからいるんです。誰にも強制されていない。

長く一緒にいたい人たちに、アドバイスはありますか？

R：献身的な愛情かな。僕たちは愛し合ってるし、つまらないけんかはしないし、たくさんセックスしてるよ！

O：私たちは「エイズ危機」のときに、友達をほとんど亡くしました。だから実のところ、一緒にいてお互いに尽くすことで、助け合ってきたんです。

R：そして今、二人とも60代になって、時々怖くなる。たとえば、いつかどっちかが死んでしまったら、どうなるんだろう？　って。かなりおかしな気分になるよね。

O：そこは、長年のパートナーがいる多くの人たちと同じです。死ぬときは絶対に一緒がいい。だって、片方が死んだら、どうすればいいんでしょう？　ほぼ40年、離れたことがないんですよ。ずっと面倒を見合ってきましたが、今は本当に大切にし合ってますから。

Pamela & Gregory

パメラ & グレゴリー

カリフォルニア州ロサンゼルス

G：僕は、サンフェルナンド・ヴァレーのデパート「ブロックス」のためにフリーランスでイラストを描いてた。ある日、ブロックスに行ったら、僕みたいな女の子がいたんだ。

P：私はニューヨークから戻ったばかりだった。1965年の夏のことよ。それまでは『マドモアゼル』誌の客員編集者だったの。ちょうどヴィダル・サスーンが五番街にサロンをオープンしたばかりの頃で、私も行って「ファイブポイントカット」にしたわ。当時はどこへ行っても最先端のスタイルだった。ブロックスで働いてる頃は、店にいる全員が、私のヘアスタイルが好きか嫌いかで投票してた。私はグレゴリーの絵をいろんな買い手のところへ持っていって、認めてもらっていたの。

G：パメラをデートに誘って、愛車の「ジャガーXKE」で迎えに行ったんだ——あれが決定的瞬間だったと思う。

P：まあ、簡単に言うと、グレゴリーは最高にクールな車を持ってて、ダンスもできたってわけ。それに、マックスとオードリーという犬を飼っていて、朝食にトーストを食べさせてたの。犬を人間みたいに扱う人は初めてだったわ。家族の一員みたいに。面白いのは、結婚前に一緒に住みだしたら、みんなが「ウィアー・クゥイトン」宛てに郵便を送ってくるようになったこと。「どっちがウィアーさんで、どっちがクゥイトンさんなのか覚えられないから」だって。だから1973年に結婚したとき、二人とも名字を「ウィアー・クゥイトン」に改めたの。

P：私たち、「連れ合いなんて見つからない」と思ってたのよ。二人とも、この通り個性的だから。グレゴリーも私も仕事が大好きで、ここにいる最大の理由が仕事だ、ってところがもう自分勝手でしょ？　でも、同じような相棒が見つかれば、最高よね。

G：絵を描きたいときに「描かないで」って止めるような人とは、一緒にいられないよ。僕たちは長い付き合いさ。そう言えば、結婚したときパメラが言ったんだ。「これは600年契約よ。しかも、延長オプション付き！」とね。

P：この間、グレゴリーに言ったの。「あのね、私が『愛してる』って言ったら、『僕も愛してる』って言うわよね。自分から『愛してる』って言うことは絶対にないんだから」って。そうしたら2週間後に、下の階から聞こえてきたの……。

G：アイ・ラブ・ユー・ファースト（自分から愛してる）。

P：アイ・ラブ・ユー・ファースト！　これってとても素敵な言葉だと思うの。みんないつだって「愛してる」って自分から言うのを怖がるじゃない？　だから私たち、「アイ・ラブ・ユー・ファースト運動」を始めてるの！

"WE WERE TWO PEOPLE WHO REALLY DIDN'T THINK WE'D FIND A PARTNER BECAUSE WE ARE SUCH INDIVIDUALS."
PAMELA

「私たち、『連れ合いなんて見つからない』と思ってたのよ。
二人とも、この通り個性的だから」

——パメラ

Patrice & Ernesto

パトリス & エルネスト

サン・ミゲル・デ・アジェンデ（メキシコ）

お二人の関係は、ほかの関係とどう違うのでしょう？

P：彼に出会う1年ほど前、腹膜炎にかかったの。病院に行ったら、「死の2歩手前です」って言われた。だから療養中、自分にこう言い聞かせたわ。「もし死んでしまうなら、もう一度恋人をつくるなら、こういう人にしよう」と。新しい恋に望む、ありとあらゆることを書き出し始めたわけ。誰かに悪意を抱くような人はダメ、心のきれいな人がいい、とね。自分自身を大切にし、自分の人生に胸を張って、大きな荷物はいっさい背負っていない人がよかった。大きな犬を飼ってたり、お酒の問題を抱えてたり、朝から晩までテレビ漬け、なんて人はイヤ。とにかく全部、かなり具体的に書き出していったら、リストは104個になったわ。これをつくるのに、1年かかった。友達はみんな「現実を知りなさい」と言った。「全部当てはまる男性を見つける確率は、ユニコーンを見つける確率と変わらないよ」って。だからこう答えたの。「ええ、たぶんユニコーンを探してるのよ」。エルネストを見つけたときは、リストをチェック、チェック、チェック。たしか3つの項目以外、すべて当てはまってた。

お二人の関係の秘訣は何ですか？

E：私は結婚22年で離婚して、そのあと26年間独身だったんだ。これまで女性たちとうまくいかなかったのは、けんかしたときに、私が仲直りのコツを知らなかったからだな。さっと別れちゃうんだ。何もできずにあきらめてしまう。そんな態度だから、いくつもの関係をダメにしてきた。パトリスはね、寝室に小さな張り紙をしていて、そこにはこう書いてある。「さっさと許そう。ただし、キスはゆっくりと」。私たちは、その通りにしている。意見がかみ合わないこともあるけど、張り紙が仲直りさせてくれるんだ。それに私は、自分で自分を幸せにするコツを学んだよ。自分を幸せにする責任を、パートナーに押し付けてはいけない。そういうことが大事なんだ。

Patricia & Alfred

パトリシア & アルフレッド
カリフォルニア州オレンジ

　二人とも、航空機メーカーの電子機器をつくる部門で働いてたんだけど、アルはそこで、3つの部署のマネージャーをしていたの。働きだしてしばらくたった頃、私もアルのボウリングチームに加わった。アルはストライクを出すと、飛び上がって、靴のかかとを鳴らすのよ。彼のボウリングを見るのは、とても楽しかった。あのときに、好きになったんだと思う。

　アルは上司の上司だったけど、そのうちデートするようになった。最初はいい友達だったけど、だんだん真剣になっていったわ。一緒にいて心からくつろげる男性は初めてだった。アルは楽しむコツや、肩の力を抜くコツを教えてくれた。ほんとに気が合ったのよ。私が部屋に入って何か言ったら、「今、同じことを考えてたんだ」ってよく言ってた。

　ヨーロッパの女性は、うるう年に男性にプロポーズするというでしょう？　だから私も、うるう年に言ったの。「私に勇気があれば、あなたにプロポーズするんだけどな」って。そしたら、「すればいいのに」って言うから、その通りにしたら、「もちろん！」と答えてくれた。彼は初婚だったのよ。アルは52歳で、私と結婚したの。私の娘のパティとその夫のテリーの家の裏庭でね。娘夫婦と3人のかわいい孫娘が、私たちを今も祝福してくれている。

　私がお金を使いすぎると、アルはふざけて、私のことを「シバの女王」と呼んでたわ。一緒に笑って、歌って、家の中を踊り回った。手をつないで、家を出る前には、必ずキスしていたわ。

　アルは、2017年11月30日に亡くなったの。また会える日まで、私の胸の中には、いつも彼がいる。心から信じてるのよ。彼の魂は今、たくさんの人たちに喜びと笑いを届けているって。

　——パトリシア

Pattie & John

パティ & ジョン

カリフォルニア州サンフランシスコ

　ジョンとは、スピリチュアルな修養会(リトリート)で出会ったの。一見したところ、ほとんど共通点はなかったわ。ジョンはたいていTシャツにジーンズ姿だったけど、私は家を出るときは必ず口紅をつけるし、ジュエリーも最低2キロは着ける。素敵な上着もたくさん持ってるから、はおらずに出かけるなんて考えられないわ。彼を一目見て、「私のためにおしゃれなんかしないで」ってジョークを飛ばしたら、それからはずっとおしゃれしてくれてる！　ジョンに贈った結婚指輪の内側には、「期待外れのあなたへ」と刻んだのよ。ジョンに知ってほしかったから。完ぺきでなくても、失敗しても、私を傷つけても、それでもあなたを愛してる、って。私が、私たち二人のことを愛してる、と知ってほしかったの。

　——パティ

Pushpa & Rafik

プシュパ & ラフィク
ニューヨーク州アーヴィントン

P：私たちはお見合い結婚なんです。仲人さんが父のところへ来て、言ったの。「この人があなたのお嬢さんと結婚したがっていて、お嬢さんの写真を見たいと言ってます」と。父は「ダメだ」と答えてました。

R：プシュパの家は、とっても保守的だったから。

P：とても伝統的な家庭だったわ。父はほんとに昔気質の人でした。私たちが初めて会ったのは、結婚式の当日です。私は目隠しされていたようなものよ。

では、目を開けてみて、どうでしたか？

P：53年も前だから、覚えてないわ！ でも、私たちはとても幸せです。それは間違いありません。神さまに感謝しているわ。全能の神はとても親切です。父はとてもよくわかっていたのでしょう。自分が育てた子どもの性格を、よく知っていたのです。これが夫とのなれそめ。素晴らしいでしょう？ 夫婦になれて、お互い幸運でしたね。

お二人の関係の秘訣は何ですか？

P：結婚して53年になります。マーシャアッラー（神の思し召し）ですね。愛し合い、互いに気遣い、尊重し合うのは、もう当たり前のことになっています。けんかしても、いつの間にか解決している気がするわ。

R：プシュパのお父さんに誓ったんですよ。死が二人を分かつまで彼女を大切にすると。義理と責任は、私たちが大切にしている愛の要素です。私たちの文化においては、愛は結婚してから育つもの。結婚前にはぐくむものではありません。結婚するまで顔も見ないわけだから、そこに愛の概念はないんです。結婚してからお互いを愛し、お互いを理解し始めます。アメリカでは、何年もデートを重ねることを「愛」といいますが、私たちの文化においては、愛とは人生の終わりまでデートを続けることなのです。

Purely Patricia & Howard

ピュアリー・パトリシア & ハワード
ニューヨーク州ニューヨーク

　若い頃は、いつも恋人がいた。恋人が現れては去っていったわ。時には同時に何人も彼がいることもあった。ドアから出て行く男に「僕ほど君を愛するやつはいない！」と言われるたびに10セント玉を貯めてたら、今頃どうなっていたかしら。一度、燃えるような恋のさなかに、セラピストに尋ねたことがあるの。「どうしてこの気持ちは、永遠に続かないのかしら？」と。彼女の答えはこう。「何かを最後までやり遂げられる人間なんていないからよ！」

　「僕ほど君を愛するやつはいない！」と本気で言ってくれる人を見つけるには、一生分の傷心と、失恋と、別れが必要だったのね。だから、ハワードの言葉はきっと本物よ！

　——ピュアリー・パトリシア

"IT HAS TAKEN A LIFETIME OF BROKEN HEARTS, LOST LOVES, AND FAILED RELATIONSHIPS TO FIND THE ONE PERSON WHO COULD SAY TO ME: 'NO ONE WILL EVER LOVE YOU AS MUCH AS I DO!'"

PURELY PATRICIA

「『僕ほど君を愛するやつはいない!』と本気で言ってくれる人を見つけるには、一生分の傷心と、失恋と、別れが必要だったのね」

——ピュアリー・パトリシア

Richard & Pat

リチャード & パット

カリフォルニア州ランチョ・ミラージュ

P：1961年に、大学の歯学部で出会ったの。ある日、彼のフラタニティでビールパーティがあったから、女子が何人かで参加した。そうしたらリチャードが、私をわざとつまずかせたの。きっかけがほしかったから、って。つまずかせたあと、抱きとめて支えてくれたから、転ばずにすんだわ。びっくりしてる私に、「ごめん」と謝って、電話番号を聞いてきた。私もちょっぴり彼に惹かれたから、そこから始まったのよ。出会って57年、結婚してから50年。ずっと幸せよ。

R：初めて会ったとき、パットは映画スターみたいだった。「この子は最高だ」と思ったよ。私に会いに来てくれたときは、ケープをはおってた。ケープを着た女性を見たのは初めてだった。

P：あのケープは、ブロックス・ウィルシャーで買ったのよ。すごくおしゃれだと思った。美しい茶色のケープコート。とびきり素敵に見えると思ったのに、リチャードは「ドラキュラみたい」と思ったんですって。いまだにからかうのよ。

R：あれはとてつもなく魅力的だった。彼女から目も手も離せなくなったよ。まあ、今もだけどね。

P：その後、もちろん結婚したわ。そして5人の子どもが生まれた。ボン、ボン、ボンって2年ごとにね。そうなると、責任も重大よ。リチャードは開業医になって、私も40年間、医院で働いてサポートしたわ。子どもたちはみんな、優しくて素敵な大人に育ってくれた。最近、50周年のお祝いをしたのよ。50年たっても、とても情熱的に愛し合ってる。彼が求めるものは、私が求めるもの──そう、同じなの。愛とは尊敬であり、二人を等しく満たすものだと思う。そしてもちろん、ちょっぴりユーモアも必要ね。私はユーモアが足りないんだけど、リチャードがくれるの。

R：いつも言うんだけどね、彼女が僕にスタイルを教えてくれて、僕は彼女にユーモアをあげたんだ。

P：でも、文句を言ったり、けんかすることもあるわ。小さなけんかだけどね。彼は少し耳が遠くなって、よく聞こえないから、私が大声を出さなくちゃいけなくて、イライラするのよ。でも、そんなのはささいなこと。5分もたてば、許し合ってる。

Robert & Elizabeth

ロバート & エリザベス

カリフォルニア州フレズノ

　初めて会ったのは、僕が63歳で、エリザベスが55歳のとき。電話で話すようになって、メールで写真を交換した。エリザベスは誰ともデートする気がなくて、いつも「忙しいの」と言い訳していた。

　時々電話し合って、好きなものや嫌いなもの、お互いの考え方や基本的な価値観について議論し合っていた。

　そして2006年9月。2005年の夏から電話でさんざん話したあとに、ようやく「どんな音楽が好き？」という話になった。すると、二人ともスムーズ・ジャズが大好きだとわかったのだ。そのとき、エリザベスがやっと「会ってもいいわ」と言ってくれた。彼女を見た瞬間に、「この人だ」とわかった。

　——ロバート

Richie & Lee

リッチー & リー
フロリダ州ネイプルズ

L：うちの娘が、私たちを引き合わせてくれたの。娘は、リッチーの姪っ子たちと甥っ子のベビーシッターをしてたのよ。私は誠実そうなリッチーの目を見て、すぐに好きになっちゃった。この14年間、素晴らしい時間を共にしてきたわ。

R：俺はリーと知り合って1年ほどは、恐れがあった。自分に合う人なんて見つからないんじゃないか、とね。過去に面白くないことがあったから、もう一度失敗するのはイヤだったんだ。でも、リーはほんとに一緒にいて楽なんだ。彼女は、何があってもハッピーさ。これ以上望むものなんてあるかい？

ラナ・ターナーとダンスパートナーのユージン・"アイス"・ハモンド。
スウィンギング・リンディ・ホップをロマンティックに踊る。

ルース & トニー

サン・ミゲル・デ・アジェンデ（メキシコ）

R：すべては、1枚の絵から始まったの。私はペルーのリマに住んでいて、カナダ大使館で働いてた。文化の担当だったから、モントリオールに派遣されて、カナダの文化生活の重要な施設と仕事をすることになった。

　ある晩、新しいアートギャラリーのオープニングに招待された。そこにモントリオール旧市街の素敵な版画があったから、買ったの。すると、何日かしてギャラリーのオーナーから電話があって、「あなたが買った版画を気に入った男性がいて、あなたに会いたいんですって」と言うのよ。ブラインドデートなんて気が進まなかったけど、強く勧められてね。トニーが私を「インカの歌姫」、イマ・スマックに似てると思ったかどうかは知らないけど――いえ、似てないのよ――とにかくトニーが開く小さな集まりに参加することになったの。

T：1964年10月のある木曜日、モントリオール旧市街で、賽は投げられたんだ。ギャラリーのオーナーは、私のいとこの妻だった。オープニングを欠席したのが後ろめたくてね、何日かあとに展示を見に行くことにした。そしたら何と、私のよく知ってる風景が描かれているじゃないか。即座に「買いたい！」と思ったけど、もう売約済みだった。オーナーのジョイスに聞いたら、「モントリオールに来たばかりのペルーの人が買ってくれた」って言う。私はラテンアメリカの歴史に夢中で、ロス・インカスをはじめラテンアメリカのミュージシャンの音楽を集めてた。だからジョイスを説得して、ルースに電話してもらったんだ。そして次の日の夜、うちのアパートで小さなパーティを開いた。

R：ギャラリーのオーナーは仲よしのいとこの連れ合いでも、彼、オープニングに出席するのは、気が進まないこともあったんですって。そのあとどうなったのかは、トニーに聞いて。

T：ルースのためにパーティを開いた日は、女友達──恋人じゃないよ──といとこ夫妻もアパートに招待した。そうして玄関の呼び鈴が鳴ると、ルースが完ぺきにおしゃれして登場したんだ。王子さまか何かに会うつもりで来たに違いないけど、私のほうは「一番マシなよれよれの服」。しばらくおしゃべりしてから、ルースを車に乗せて、彼女が買ったばかりの銅版画(エッチング)に描かれた通りに連れてった。そのあと家まで送ったら、玄関のロビーまでは入れてくれたけど、そこまでだったよ。名刺を渡して、「何か助けがいるときは、遠慮なく電話して」と言ったら、「私の国では、電話は男の子からするものよ」と言われた。「じゃあ、おやすみ」と言い合って、私から電話すると約束した。そのあと友達のアパートへ行って、こう言ったんだ。「聞いてくれる？　僕はあの子と結婚すると思う」

R：それ以来、ほとんど毎日デートするようになった。そして1ヵ月後には、結婚を決めてたわ。結婚したのは、あの版画を買った半年後のことよ。

Sandi & Frank

サンディ & フランク
フロリダ州ネイプルズ

　愛は絶えず変化するものよ。わくわくするような恋から誠実で献身的な愛、そのはざまにあるさまざまな感情へと姿を変える。今この瞬間に何が起こっているかによって。フランクと私の関係が26年も続いてきたのは、たぶんユーモアと相当ゆるい暮らし方のおかげ。お互いが別に家をキープしてることも、もちろん大きいわね！

——サンディ

　サンディと私には心の絆があるけど、愛とはイライラのタネかもしれない……セックスというおまけ付きのね！

——フランク

Scott & Mike

スコット & マイク

フロリダ州フォートローダーデール

　今年の3月16日で、付き合って18年になります。私たちは2ヵ国で結婚しました。2005年にカナダで同性婚が合法化されたとき、「結婚しない?」とスコットに言いました。二人でバンクーバーへ飛んで、結婚しました。ニューヨークで合法になったときに再び結婚したのですが、そのときはイースト・ヴィレッジに45人を招待しました。

　出会いはフォートローダーデールのバー。二人とも別の仲間と一緒にいたけど、お互いに興味を引かれ、会話を始めたのです。そうしたら二人とも、ニューヨーク州立ファッション工科大学の出身でした。スコットのほうが8つ年下なので、時間差はありますが。それに、二人ともニューヨークのクイーンズ区の同じエリアで育ち、私の妹はスコットのお兄さんと一緒に高校を卒業していました。それに、私たちは二人とも離婚経験者です。どちらも昔ながらの家庭生活を送り、子育ても経験しました。子どもたちはみんな、私たちが出会った頃には、大人になっていましたが。

　2日後、ディナーに行く約束をしました。そして長い夜を過ごしたあと、「明日の夜は何をするの?」と尋ねると、スコットは「あなたに会う」と言ってくれました。あのとき以来、離れたことはありません。

——スコット&マイク

Steve & Vicki

スティーヴ & ヴィッキー

ニューメキシコ州サンタフェ

 私たちは、47年間一緒にいるわ。高校で出会ったとき、私は16歳だった。あれは私の初登校の日よ。私は引っ越してきたばかりで、最初に演劇部に向かったの。全員が座っていたんだけどね、突然みんなして、さっと誰かに目を向けた。すると、スティーヴが部屋に入ってくるのが見えた。一目で、彼が部のスターだとわかったわ。冗談抜きで、マンガみたいだった。点線がね、みんなの視線がピピピピピッ……って伸びた先には、彼がいたの。

 私たちはソウルメイトだけど、結構けんかもするわよ。最悪のときには、二人とも自分に尋ねる。「残りの人生に、この人がいないほうがいい?」って。答えが「ノー」なら、何とか解決しなくちゃいけない。そういう努力がつらいときもあるけど、私たちは親友だからね。ほかの誰かと過ごすより、お互いがいいのよ。

——ヴィッキー

Susan & Sheldon

スーザン & シェルドン

カリフォルニア州ランチョ・ミラージュ

スーザン：愛とは、「夫が私を包んでくれてる」って感じることよ。

シェルドン：愛とは、いつだって「妻を甘やかしたい」と思ってるぼくの気持ちさ。

Suzanne & John

スザンヌ & ジョン
ブリスベン（オーストラリア）

　教会で初めてJ・Bを見たとき、私の心も頭も（もちろん無言で）叫んでた。「ハレルヤ！」って。実は、J・Bのことは物心ついた頃（少なくとも5歳のとき）から知ってたの。姉と同じ学校に通ってたから。姉からずっと「親切な男の子」だって聞かされていた。「頭がよくて、大人しいけど面白い子だ」ってね。私は「ふ〜ん」と思ってただけだったけど！　その後、18歳のとき、（ある結婚式で）ジョンに会って、やっぱり大人しいけど、たしかに面白い人だとわかったわ。私、その場で「この人と結婚する」って決めちゃったの。3年もかかったけど、ついにプロポーズを受け入れてくれたわ。

　今はもう大人しくないけど、面白さは健在よ。

　——スザンヌ

Tess & Erika

テス & エリカ

カリフォルニア州パームスプリングス

　エリカと出会ったのは、33年ほど前のこと。当時、私はまだ「リチャード」と呼ばれていたけどね。10ヵ月ほどデートして、お互い大好きになって、結婚を決めた。最初の3〜4年は、かなりうまくいってた。でも、私がエリカに「ずっと女性になりたかった。その願いを追求したい」と告白したあたりから、ひびが入りだして……。これは私にとって、とてもつらいことだった。ハートの声か魂の望みか、二者択一を迫られたわけだから。そんなわけで、まあほかにも理由はあったけど、別れる決心をした。これは二人にとって、とてつもなくつらいことだった。お互いまだ深く愛し合っていたけれど、別れを選んだのだ。

　エリカはその後、ビジネスパートナーのダグラスと協力して、服にプリントするオリジナルアートを生み出していった。一方、私はエリカから離れて、性別適合手術を受けた。その後の15年間は、時折連絡を取り合ってはいたけど、離れて過ごした。

でも15年たっても、エリカを忘れられなかった私は、彼女に電話して「クリスマスを一緒に過ごさない?」と提案した。ひとたび再会すると、二人とも、今も深く愛し合っていることに気づいて、よりを戻すことにした。でも、また一緒になったからといって、ずっと昔にストップしたところから、すんなり始められたわけではない。お互いいろんなことを大目に見る必要があった。どちらも変わって、別人のようになってしまった部分もあるから。

　2年ほど努力したけど、また別れることになった。だけどその2ヵ月後に、二人とも理解した。すべての根底にあったのは、愛だけだったって。それは、たとえひびが入っても、決して壊れない愛。だからもう一度、一緒になった。私たちはみんな、ロマンティックな恋に憧れるけれど、現実には、たくさんの努力が必要だ。エリカと私はお互いを頼り合い、お互いを必要としている。二人とも大変な苦労をして、長い間、愛から逃げていたけれど、その傷と痛みを癒やしてくれるのもやはり、お互いの愛なのだ。

——テス

"WE HAVE BOTH BEEN THROUGH SO MUCH, WE BOTH RAN FROM LOVE FOR SO LONG, BUT OUR LOVE HEALS THE HURT AND THE WOUNDS."

TESS

「二人とも大変な苦労をして、長い間、愛から逃げていたけれど、その傷と痛みを癒やしてくれるのもやはり、お互いの愛なのだ」

——テス

Tutti & Paul

トゥティ & ポール

シドニー（オーストラリア）

　結婚生活について何か一つ、40年以上かけて学んだことがあるとすれば、屈託のない笑顔でいられるハッピーな時期ばかりじゃない、ってこと。天にも昇るような日々もあれば、どん底まで落ちることもある。けんかしたり、叫んだり、愛し合ったり、笑ったり、山ほど……セラピーを受けたりね。

　ポールとの出会いは1976年、シドニーで開かれた大きなパーティ。きっかけは、ポールが部屋の反対側から私を見つけて、人ごみをぐいぐい押しのけて、デートに誘ってくれたこと。「それまで出会った中で、一番奇抜な女性だったんだ」って彼は言う。（あの頃すでに、私はユニークな着こなしをしてた。どんなときもファッションがくれる創造力や自己表現を、とっても大切にしてるから）。火花がパチパチ飛んで、惑星と惑星が一つになって、「運命の相手だ」ってわかった。ナイトクラブでの初デートが、それを証明してくれたわ。夜中まで一つになって踊り、おしゃべりが尽きることはなかった。

　最初の10年間は、ただただ楽しかった。もともと一つ共通点があったとしたら、それは遊び心。おバカでクレイジーなところよ。二人とも笑うことが大好きだから。でもその後、ポールが40歳の誕生日を迎えた頃が、一番つらかった。そう、私たちが「中年のスピリチュアル危機」と呼んでる、あの時期のこと。ポールが「悟りへの道」を探求しだして、「魂を鼓舞する講演家」だの、導師（グル）だのの本をむさぼり読むようになって、完全に現実離れしちゃったのだ。私は絶望して、一人ぼっちで、まだ幼いセシリーとソニアを育てていた。私たちのビジネスもダメになって、無一文になって、私はうつになってしまった。でも、離婚という選択肢は、絶対に考えたくなかった。

私たちは、結婚生活のために必死で闘ったの。何年もセラピーを受け、何年もお互いを理解しようと努めた。考え方の違いや意見のぶつかり合いでできた心の傷や怒りを、乗り越えようと頑張った。

　何とかゆっくりと、関係は修復されていった。ポールはふわふわしながらも、半分くらい地上に戻ってきている（娘たちは「気まぐれなグル」と呼んでいるけど。ポールは途方もなくスピリチュアルだけど、結局人間なのだ）。私たちの関係は、相変わらず強烈よ。私はしょっちゅうイライラするし、「翼竜（プテロダクティルス）モード」って自分で名づけたモード全開で、ポールに怒鳴り散らすこともある。だけど、私たちの共通点は、お互いを大好きなことを除けば、やっぱり楽しむことと笑うこと。一緒に旅に出たり、二人で映画館へ行って、毎週新しい映画を観たりするのが大好きなのだ。二人で出かけて、30歳も若いお客さんたちに囲まれて、夜中まで踊る──なんてことも珍しくない（若者たちにはいつも感心されてる）！　結婚して41年になるけれど、二人とも気分はクレイジーな若者のまま。相変わらず楽しんでるわ。それがいつか変わってしまうなんて、想像もつかない。

　──トゥティ

"FORTY-ONE YEARS OF MARRIAGE HAVE PASSED, BUT WE STILL FEEL YOUNG AND CRAZY. WE'RE STILL HAVING FUN. I CAN'T IMAGINE THAT EVER CHANGING."

TUTTI

「結婚して41年になるけど、二人とも気分はクレイジーな若者のまま。相変わらず楽しんでるわ。それがいつか変わってしまうなんて、想像もつかない」

——トゥティ

Suzi & David

スージー & デイヴィッド

カリフォルニア州ロサンゼルス

S：私たちの場合、秘訣は、お互いに出会う前に、どんな人生を送りたいかを決めていて、それを誓いの言葉で表したこと。二人とも子どもはいらない、と思っていたから、つくらなかったわ。私は結婚前から、「一生の仕事を持ちたい」「旅をしたい」と考えていたの。デイヴィッドも、アーティストとして一生仕事をしたいと思っていたけど、「大黒柱になりたい」とか「子どもがほしい」とか思ってたわけではなかった。だから、そのあたりを強調した誓いの言葉を書きました。私たちが大事にしてたのは、二人が個人であること。共通の趣味をたくさん持って、愛し合っているけれど、個人としての趣味も追求していく。当初からお互いにそう励まし合って、常に支え合ってきたわ。

　結婚願望はとくになかったんだけど、デイヴィッドに出会って恋に落ちたの。彼の絵を見たときに、本気で恋してしまった。それに、一緒にいてとても楽だったの。出会いは、ブラインドデート。2週間後には、結婚を決めてたわ。それほどあっという間の出来事だった。1970年のことよ。

付き合って何年になりますか？

S：47年。いつも素晴らしい関係だったわけではないけど、いまだに同じ価値観や趣味を分かち合えてる。二人が今も愛し合っていて、自分たちなりの愛と価値観がそこにあれば、互いを許し合って、乗り切れるものよ。

D：秘訣は、自由だね。ただし、僕たちはずっとコミュニケーションを絶やさなかった。苦労した時期もあるけど、結局いい関係を築けている。相手を愛していたら、簡単に別れるなんてできないものだよ。

■著者
アリ・セス・コーエン　Ari Seth Cohen
シニアのファッションと知恵を発信するブログ、「Advanced Style」の創設者。『Advanced Style ——ニューヨークで見つけた上級者のおしゃれスナップ』『Advanced Style Older&Wiser ——世界の上級者おしゃれスナップ』（いずれも大和書房）の著者、写真家。ニューヨークシティとロサンゼルスに住んでいる。

■訳者
長澤 あかね　Nagasawa Akane
関西学院大学社会学部卒業。広告代理店に勤務したのち、通訳を経て翻訳者に。訳書に『メンタルが強い人がやめた13の習慣』（講談社）、『マルチ・ポテンシャライト 好きなことを次々と仕事にして、一生食っていく方法』（PHP研究所）などがある。

Advanced Love
——上級者カップルの愛とファッション

2019年10月30日　第1刷発行

著者　アリ・セス・コーエン
訳者　長澤あかね
発行者　佐藤靖
発行所　大和書房
　　　東京都文京区関口1-33-4　〒112-0014
　　　電話 03-3203-4511
装幀　塚田佳奈（ME&MIRACO）
印刷　歩プロセス
製本　ナショナル製本

©2019 Akane Nagasawa, Printed in Japan
ISBN 978-4-479-92135-6
乱丁・落丁本はお取り替えいたします
http://www.daiwashobo.co.jp